KB269124

사기 성공학

사기 성공학

사마천에게 배우는 인생 경영 비법

김원중

민음사

저자의 말

사마천이 궁형의 수난을 겪은 것은 널리 알려져 있다. 그는 그 처절한 고통 속에서도 대작 『사기』를 완성해 냈고 결국 자신의 이름을 온 천하에, 만세에 드러냈다. 그에게 궁형의 치욕이 없었다면 승자와 패자를 아우르는 인간학의 새 지평을 연 이 위대한 작품은 완성되지 않았으리라. 나 또한 사마천의 『사기』 완역을 위해 16년의 세월을 보내야 했다. 인고의 세월이었고 희열의 과정이었다.

『사기』 완역을 위해 수십 번 책을 들여다볼 때마다 오랫동안 사람들이 삶의 지침서로 여긴 고전의 진수를 새삼 깨닫곤 했다. 특히 실패를 딛고 끝내 성공을 거머쥔 사람들의 인생 역전 이야기나 반대로 먼저 승기를 잡고서도 한순간의 실수로 몰락해 버린 패자들의 쓸쓸한 이야기들은 우리가 삶에서 무엇을 얻고자 이렇게 아등바등하며 살아가고 있는지, 과연 나는 제대로 길을 나아가고 있는지 다시 생각해 보게 했다.

이 책을 통해 만나는 『사기』의 인물들은 대개 우리가 쉽게 넘볼 수 없는 성공을 이룩한 자들이다. 성공에 필요한 기본 자질은 여러 가지다. 시대를 바라보는 안목과 통찰의 지혜가 있어야 하고 결단력과 승부사적 기질도 갖추어야 하고 자기 관리에도 빈틈이 없어야 한다. 그리고 제아무리 훌륭한 인재라도 절묘한 만남이 없으면 뜻을 펼치지 못한다. 세 치 혀를 무기 삼아 전국 시대 판도를 짠 소진, 치욕을 농담과 여유로 극복한 장의도 결국은 자신의 진면목을 알아주는 자들을 만나면서 삶의 획기적인 전환점을 마련한 것이 아닌가. 장의는 자신의 실패를 비웃는 아내에게 내 혀를 보시오 하면서 여유를 부리면서도 속으로는 칼을 간 무서운 사람이기도 했다. 또한 자신의 속내를 숨기면서 건달에서 황제가 된 유방이 있고, "연작이 어찌 홍곡의 뜻을 알리오." 한 머슴 출신의 왕 진섭도 있다. 박복한 아내를 맞이하여 자신의 출세의 발판으로 삼은 진평은 철저한 세속적 마인드를 지닌 사람이었다. 여기에 소개하는 거의 대부분의 인물들은 발분하고 절치부심하면서 때를 기다린 시대의 영웅들이었다.

이 글을 읽는 독자라면 누구나 성공하고 싶고, 타인의 주목을 받으며 살아가고 싶어 할 것이다. 그러나 세상살이가 녹록지 않으니, 분명 뛰어난 능력과 자질을 가지고 있음에도 자기가 오르고자 하는 자리에 다가가지 못한 사람들이 많다. 우선은 빛을 감추고 어둠 속에서 자신을 기르는 도광양회의 자세를 가지면서 때로는 신분과 능력을 초월한 자들을 과감히 대면할 수 있는 용기와 배짱을 가져야 할 것이다. 세상은 결과만을 기억한다는 소진의 푸념은 전국 시대라는 생존과 패망의 시대에만 통용되었던 것이 아니고 오늘의 이 시점에서도 여전히 유효하다.

이 책에서 나는 2000여 년의 시공간을 거슬러 올라가, 나보다 먼저 험준한 세상에서 생존의 지혜와 성공 전략을 획득한 마흔여섯 명의 인물들을 이 시대에 복원하고자 했다. 성공을 했다가 자기 관리와 처세에 실패하여 불운의 길을 간 자들도 있고, 온갖 수모와 굴욕을 겪고도 끝내 승자가 된 대기만성형 인물들도 있다. 이 모두가 우리 삶의 성공을 위한 훌륭한 타산지석이 될 수 있을 것이다.

이 책은 《한국경제신문》에 2010년 5월부터 2011년 7월까지 1년여간 매주 연재한 내용을 엮은 것이다. 지면의 제약으로 말미암아 못다 한 말들을 대폭 보완하고 수정하여 단행본으로 낸다.

『사기』 완간을 처음부터 챙겨 주고 격려해 주신 민음사 박맹호 회장님의 성원이 없었다면 이 책 또한 빛을 보기 어려웠을 것이다. 그리고 무엇보다도 나의 작품을 사랑하는 애독자들에게 이 책을 바친다.

2012년 3월

김원중

창업

創業

실패 속에서 성공을 찾다

창자가 아홉 번 찢어지는 듯하다

성공과 실패를 결정짓는 것은 무엇일까? 이 세상에 변하지 않는 것은 없다. 영원한 승리도 없다. 오늘 나아갔다가도 내일 나락으로 떨어질 수 있고 오늘의 실패가 내일의 성공이 될 수도 있다. 그러니 나보다 먼저 산 사람들의 삶을 보며 세상살이의 원리를 꿰뚫는 눈을 기르고자 하는 것 아니겠는가.

성기를 절단당하는 궁형의 치욕을 견디고 불후의 역사서 『사기』를 쓴 사마천. 그의 아버지 사마담(司馬談)은 한 무제 때 태사령(太史令)으로서 천문학과 주역에 정통했다. 이런 배경에서 자란 사마천은 어려서부터 가학을 익히고 열 살 때 아버지를 따라 수도인 장안에 와서 당시

경학대사인 동중서와 공안국에게 고문을 배우기도 했다. 스무 살 때 여행을 시작해 중국 전역을 두루 다녔으며 돌아온 후에는 낭중(郎中)에 올랐다. 이후 무제를 따라 순행하면서 온 나라를 주유했다. 어디를 가든지 고적을 탐방하고 자료를 수집하면서 현장 감각을 익혔다.

그런 그가 낙양에서 아버지와 만났을 때, 아버지는 그의 손을 잡고 역사서를 집필하라는 당부를 남긴 채 세상을 떠났다. 사마천은 부친의 유업을 계승하기 위해 국가의 장서를 정리하고 집필 관련 자료도 수집하면서 4년여의 준비 기간을 거쳐 40세쯤 『사기』를 집필하기 시작했다. 그런데 의외의 사건이 발생하면서 그의 집필 방향이 바뀌게 된다. 기원전 99년 명장 이광(李廣)의 손자 이릉(李陵)이 군대를 이끌고 흉노와 싸우다 투항하는 사건이 발생했다. 그때 사마천은 절대 군주 한 무제 앞에 나아가 친구 이릉을 적극적으로 변호하다가 무제의 노여움을 사 궁형을 당하게 된 것이다.

돈 50만 전만 있었어도 사마천은 궁형을 면할 수 있었다. 그러나 그것은 당시에는 거액이었고 사마천은 아버지의 유언인 『사기』 완성을 위해 굴욕을 감내하고 죽음 대신 궁형을 택했다. 그는 현실 세계의 냉혹함에 눈을 뜨고 한동안 절망과 고뇌의 세월을 보냈다. 몇 년 뒤인 기원전 93년쯤 반란 사건에 연루돼 형 집행 날짜를 받고 투옥돼 있는 임안(任安)에게 동병상련의 마음을 느껴 쓴 편지 「보임소경서(報任少卿書)」에서 그는 열아홉 번이나 '치욕(辱)'이란 단어를 사용했다.

그는 이 편지에서 "분노를 주변 사람에 알려 줄 수도 없게 되었으니, 영원한 것은 혼백이고 사사로운 원한은 끝이 없다."라고 참담한 어조로 서두를 열면서 자신을 땅강아지나 개미와 같은 하찮은 미물에 비유했다. 또 "스스로 말을 잘못해 이런 화를 만나 향리에서 비웃음거리가 되었고, 돌아가신 아버지를 욕되게 했으니 이 더러운 치욕은 하루에도 창자가 아홉 번이나 끊어지는 듯하고, 집 안에 있으면 갑자기 망연자실하고 집 밖을 나서면 어디로 가야 할지 알지 못하고, 이 치욕을 생각할 때마다 등줄기에 땀이 흘러 옷을 적시지 않는 적이 없다."라며 한스러워했다.

시대와 인간을 통찰하다

사마천은 고통 속에서 인간의 본질을 보았다. 『사기』 전편에서는 인간학의 교과서로 불릴 만큼 수많은 인물군을 역사 속으로 끌어들였다. 그는 이 책에서 냉정한 역사의 거울로 인물을 재단하거나 서릿발 같은 말로 단죄하는가 하면 때로는 감성적인 언어로 인물을 감싸며 인간 그 자체를 탐색해 나간다.

그는 천도시비(天道是非), 즉 하늘의 도리가 옳은가 그른가에 대한 해답을 제시하고자 했다. 『사기』는 자객과 상인, 모사가, 골계가, 풍자가 등 역사의 뒤안길로 사라질 뻔한 인물들까지 역사의 전면으로 끌어내면서, 치열하게 살다 간 인물들의 실패와 성공, 좌절과 재기를 통해 승자와 패자가 공존한다는 사실, 더 나아가 성공과 실패 사이의 간극이 그리 크지 않다는 것을 보여 준다.

중국의 대문호 루쉰은 『사기』가 역사서이자 뛰어난 문학서라고 평가했다. 그만큼 사마천의 문장이 그 자체로도 뛰어나다는 의미이다.

그러나 우리가 주목해야 할 부분은 그러한 문장을 뒷받침하고 있는 인간에 대한 깊이 있는 통찰이다. 특히 뛰어난 개인들의 전기를 다룬 70편의 열전이 돋보인다. 다른 역사서들이 인간 군상을 둘러싸고 일어난 사실에 대해서 피상적·평면적으로 서술한 것에 비해, 사마천은 그 인물의 내밀한 부분과 참모습으로 파고들어 인간 본성과 그 인간들로 빚어지는 세상사의 근원까지 짚어 냄으로써 하나하나를 잊을 수 없는 개인들로 만들어 놓았다.

강자만이 살아남는 정글의 법칙에서 헤어나지 못하는 한 우리의 삶은 거칠고 메마른 것이 될 수밖에 없다. 궁형을 받은 사마천이 『사기』를 통해 역사 속에서 재기했듯이, 좌절했더라도 다시 나아갈 내 길을 찾아야 한다. 세상이 어지러울수록 발분해 노력하면서 통찰의 지혜를 터득해 나가야 하지 않겠는가.

■ 사마천 (기원전 145?~기원전 90?)

중국 최고의 역사가로서 자(子)는 자장(子長)이며 섬서성 용문(龍門) 출신이다. 궁형의 치욕을 딛고 아버지의 유언을 계승하여 『사기』를 20여 년 만에 완성했다. 중국 정사의 전범이요 인간학의 고전으로 손꼽히는 이 책은 모두 130편으로 사마천의 혼이 담긴 명저다.

사람이 길을 넓힌다

연작은 홍곡의 뜻을 알지 못하는 법

중국 역사를 보면 무에서 유를 창조한 사람이 적지 않다. 진섭은 천 승의 높은 지위에 있지도 않았고 땅도 한 자 없었다. 신분도 왕공이나 대인이나 명족의 후손이 아니고, 향리에서도 명예가 없었으며, 공자나 묵자나 증자 같은 현인도 아니었다. 그는 중국의 제후 왕 가운데 후손 을 두지 못한 자이기도 하다. 그러나 그를 위해 고조 유방은 그의 무 덤을 지키는 사람을 두게 하고 틈이 나면 제사도 지내 주는 등 진섭에 게 각별한 애정을 보였다. 이뿐이랴. 사마천도 반란을 통해 왕이 되어 채 1년도 버티지 못하고 몰락한 진섭을 제후 왕의 영역인 '세가'에 편 입하여, 역사관의 객관성과 서술의 편파성 문제에 대한 오해와 논쟁을 불러일으켰다.

진섭이 젊었을 때 다른 사람들과 함께 밭갈이하는 머슴살이를 한 적이 있는데, 밭갈이를 멈추고 밭두렁에서 쉬며 자신의 신분을 한참 동안 한탄하다 다른 머슴들에게 말했다. "부귀해진다면 서로 잊지 말기로 하지." 그러자 머슴들은 비웃으면서 "고용되어 밭갈이하는 주제에 무슨 부귀란 말인가?"라고 놀렸다.

이 말을 들은 진섭은 "아! 제비와 참새가 어찌 큰 기러기와 고니의 뜻을 알리오!"라고 한탄하면서 때를 기다렸다. 결국 그는 진시황의 뒤를 이은 진 이세가 정권을 잡으면서 도탄에 빠진 민중들을 자신의 편으로 끌어들여 반란을 일으키고, 초나라를 넓힌다는 뜻의 장초(張楚)를 국호로 삼아 왕의 자리에 오른다.

오만의 싹을 경계하라

진섭이 왕이 되고 난 뒤 어느 날, 그와 함께 머슴 일을 하던 옛 친구가 찾아왔다. 친구가 막무가내로 궁궐 문을 두드리며 "나는 진섭을 만나려 한다."라고 말하자 영문을 모르는 궁궐 문지기가 그를 포박하려고 했다. 그가 여러 차례 자신이 진섭의 친구라고 해명하자 풀어는 줬지만 보고는 하지 않았다. 진섭이 호화스러운 행차를 하며 궁문을 나섰을 때 그가 길을 막고 큰 소리로 진섭의 이름을 불러 댔다.

진섭은 반가운 마음에 그와 함께 수레를 타고 궁궐로 돌아왔다. 궁궐 문에 들어서는데 궁전에 드리운 휘장을 보자 그 친구는 "대단히 화려하구나! 진섭이 왕이 되니 궁전이 높고 깊구나!"라고 말하면서 방자하고 거침없는 태도로 떠들어 댔다. 그러고는 옛날 날품팔이 시절의 일도 끄집어내 말했다. 그 친구는 진섭이 이미 왕이 되어 주위에 신하들이 그들의 일거수일투족에 촉각을 곤두세우고 있다는 사실을 알지 못했고, 진섭은 아무것도 모르는 듯이 지껄이는 친구가 내심 야속했다. 자신은 이미 왕이 됐는데 그 친구는 옛날로 돌아가 있었으니 말이다.

결국 최측근들이 진섭에게 다가와 "친구 분이 우매하고 무식하며, 멋대로 망언을 일삼으니 왕의 위엄을 깎아 내고 있습니다."라고 했다. 이 말을 들은 진섭은 자신의 과거가 친구에 의해 낱낱이 까발려지면 위엄을 세우기도 어렵다고 판단해 그 친구의 목을 베어 버렸다.

그러나 이런 소문은 빨리 퍼져 나가게 마련이다. 진섭의 다른 친구들도 하나둘씩 떠나 그의 주위에는 아무도 남아 있지 않게 됐다. 외로움에 빠진 진섭은 판단력이 흐려졌고, 마음이 움직이는 대로 행동하기 시작했다.

진섭은 주방(朱房)을 중정관(中正官)으로 삼아 인사를 관장하게 했고, 호무(胡武)를 사과관(司過官)으로 삼아 신하들의 과실을 감시하게 했다. 진섭은 이 두 사람만 신임했다. 여러 장수들이 적을 공략하고 돌아와 복명할 때도 주방과 호무의 명령에 따르지 않은 사람은 붙잡아 죄를 묻거나 가혹하게 감찰했다. 이 두 사람과 좋지 않은 사이이거나 그들 밑에서 집행하는 관리들에게 소홀히 대하는 사람도 모두 엄히 다스렸다. 신하들은 이 두 사람으로 인해 왕에게 가까이 다가설 수 없었으며, 저마다 불평과 불만을 마음속에 담아 두었다. 결국 진섭이

쿵하고 파견한 자들이 모반을 일으켰고 진섭은 왕이 된 지 6개월 만
에 망하고 말았다.

『논어』에 공자가 이런 말을 했다. "사람이 도를 넓힐 수 있는 것이
지, 도가 사람을 넓히는 것이 아니다.(人能弘道, 非道弘人)" 진섭의 성
공은 야심에 있었다. 다른 이들이 그의 큰 뜻을 비웃을 때 그는 결단
력 있게 승기를 잡아 자신의 길을 개척해 결국 왕의 자리에 이르렀다.
그러나 너무 급히 높은 곳에 오른 탓일까. 권력자라면 경계해야만 할
오만의 싹을 없애지 못하고 그로 인해 몰락하고 말았다. 주변을 넓게
크지 못하고 측근만을 중용하여 주변에 올곧은 신하들이 멀어지도록
한 것이 바로 패인이었다. 길이 사람을 넓히는 것이 아니라 사람이 길
을 넓힌다 했지만 넓어진 길만큼 사람의 품도 넓어져야 하는 법이다.

> 지금 도망쳐도 죽고 큰 계획을 거사해도 죽는다. 똑같이 죽는 것인데 나라를 위하여 죽는 것이 옳겠는가?(今亡亦死, 擧大計亦死, 等死, 死國可乎?) ―「진섭 세가」

■ 진섭 (?~기원전 209)

진승(陳勝)이라고도 하며 진(秦)나라 양성(陽城) 사람이다. 어려서 남의 머슴을 지내다가 진나라 이세 원년 7월에 모반에 성공하여 국호를 장초(張楚)라고 했다. 6개월간 왕 노릇 하여 『사기 세가』에 이름을 올린 자이다. 신분의 한계를 초월해 왕의 자리에 오른 그는 진한(秦漢) 교체기인 5년 사이의 교량 역할을 하는 중요한 인물로서 중국 역사에서 결코 과소평가할 수 없는 인물이다. 『한서(漢書)』에도 그의 본전(本傳)이 있다.

일단 행동에 옮기면
끝까지 가 보라

누구도 가려 하지 않은 길에 나서다

독일의 지리학자 리히트호펜(Richthofen)은 지금의 신장웨이우얼 자치구에서 내륙 아시아 지방을 통해 유럽으로 들어가는 장구한 이 길을 '실크로드'라 불렀다. 중국 쪽에서 보면 황하의 서쪽, 즉 하서(河西) 지방이 실크로드의 입구다. 이 길을 통해 서방의 문명이 중국으로 전해졌으며 인도의 불교도 이 길을 통해 서역으로 전해졌다가 다시 중국으로 전해져 왔다. 물질문명과 정신문화의 교류가 다 이 길을 통해서 이루어졌다는 말이니, 진시황이 흉노와의 싸움에서 유리하기 위해 쌓은 만리장성이 전통과 보존의 상징이라면 실크로드는 개방과 개혁의 상징이라 볼 수 있다.

사마천의 『사기 열전』을 보면 독특한 기록이 눈에 띈다. 바로 「대원 열전」이다. 이 편에서는 장건이란 인물이 주인공으로 나온다. 중앙아시아의 동부, 페르가나 지방에 있던 나라인 대원(大宛)의 사적이 알려진 게 이 위대한 탐험가 장건에 의해서였다.

본래 장건은 한중(漢中) 사람으로 건원 연간에 낭관(郎官)이 됐다. 그 무렵 한 무제는 투항해 온 흉노들을 심문했는데 그들은 한결같이 이렇게 말했다.

"흉노는 월지(月氏)의 왕을 죽이고는 그 머리뼈로 술잔을 만들었습니다. 월지는 살던 곳을 뒤로하고 달아난 후로 흉노에게 원한을 품고 복수하려 하지만 함께 도모해 흉노를 칠 만한 사람이 없습니다."

흉노의 침입을 받은 월지족은 흉노에게 원한을 품고 복수하려 했지만 혼자 힘으로는 감당하기 어려웠다. 한 무제도 흉노를 멸망시키지 못하면 위대한 제국의 꿈을 이루지 못할 것이라고 생각했기 때문에 월지와 군사 동맹을 맺어 흉노를 치기로 마음먹었다.

그런데 문제가 하나 있었다. 월지로 가려면 흉노 땅을 지나야 했으므로 섣불리 나서는 이가 없었다. 이때 장건이 자원해 임무를 수행해 보겠다고 했다.

장건은 흉노족 노예 감보(甘父)와 함께 흉노의 영토 안으로 들어갔다가 잡히고 말았다. 무제의 의도를 알아차린 흉노의 우두머리 선우는 장건 일행을 10여 년 동안이나 가두었다. 그사이 장건은 결혼해 자식도 두었지만 한나라 사자로서의 직책을 잊지 않고 빠져 나갈 기회만 엿보고 있었다. 그는 흉노의 감시가 느슨해지자 월지로 향했다.

수십 일이 걸려 장건은 대원으로 들어섰다. 대원의 지도자는 일찍부터 한나라에 물자가 풍부하다는 소식을 듣고 왕래하고 싶었지만 뜻을 이루지 못하고 있던 터에 장건 일행을 보고 대원에 오게 된 이유를 물었다. 장건은 흉노에게 잡혀 있다가 가까스로 빠져 나온 것을 말하면서 자신을 인도해 줄 호위병을 주면 월지로 가 사명을 완수하고 한나라로 돌아갈 것이며, 그렇게 되면 한나라 왕이 엄청난 재물을 줄 것이라고 설득해 길 안내자와 통역자를 얻었다.

우여곡절 끝에 월지에 도착해 보니 왕이 죽은 후 태자가 왕위에 올라 대하(大夏)란 나라를 정복해 다스리고 있었다. 대하는 땅이 기름지고 침략자가 거의 없어 평온하게 지낼 수 있는 곳이었는데 월지는 이미 이곳에 정착하여 흉노에게 복수할 마음을 버린 상태였다. 장건은 월지에서 1년여간 머물다 빈손으로 귀국길에 올랐는데 돌아오는 길에 또다시 흉노에게 잡혀 1년을 더 머물렀다. 이후 내란을 틈타 흉노족 아내와 노예 감보를 데리고 도망쳐 한나라로 돌아왔다. 처음 장건이 길을 떠날 때에는 일행이 100여 명이었으나 13년 만에 돌아온 그의 곁에는 단 두 사람만이 남아 있었다.

개척의 공을 인정받다

무제는 돌아온 장건을 태중대부로, 감보를 봉사군으로 삼았다. 장건이 가 본 곳은 대여섯 나라였는데, 한나라 사신이나 장수 중에 서역을 탐험한 자는 거의 없었다. 무제는 장건에게 대하 등에 대해 여러 차례 물었다. 장건의 답은 모든 사물에 대한 세밀한 관찰을 전제로 한 것이었다. 대체로 이런 식이었다.

"대원은 흉노의 서남쪽, 한나라의 정서쪽에 있으며 한나라에서 만 리쯤 떨어져 있습니다. 그들은 땅을 중심으로 한곳에 머물면서 밭을 갈아 벼와 보리를 심고 포도주를 만들어 먹습니다. 좋은 말이 많은데 말이 피땀을 흘릴 정도로 빨리 달린다고 합니다. 그 말은 본래 천마(天馬)의 새끼라고 합니다. 이 나라에는 성곽과 가옥이 있으며, 속읍(屬邑)으로는 크고 작은 성 칠십여 개가 있고 인구는 수십만 명쯤 됩니다. 무기로는 활과 창이 있으며 말타기와 활쏘기에 능합니다."

이뿐이 아니었다. 한 무제의 구체적인 물음에 장건은 거침없이 대답한다. 예를 들어 오손과 연합한다면 흉노의 오른팔을 끊을 수 있고 그 서쪽에 있는 대하 등의 나라들을 외신(外臣)으로 삼을 수 있을 거라는 식이다. 이에 무제는 장건에게 군사 300명을 주며 한 사람당 말 두 필을 가져가게 했고, 소와 양 수만 마리와 거만 금 가치의 황금과 비단을 주어 오손에 보냈다.

이를 계기로 한나라는 서북쪽의 나라들과 교류하게 되었다. 장건이 길을 개척했으므로 그 뒤에 나가는 사자들은 모두 그를 들먹이며 외국의 신의를 얻으려 했고, 외국에서도 그것으로 한나라를 믿어 주었다.

장건의 집념으로 실크로드가 열렸으며, 바로 이 길을 통해 한(漢) 제국의 대내외적 역량은 크게 확장되었다. 장건이 가져온 미지의 세계에 대한 어마어마한 정보는 한 제국의 건설에 매우 유익한 밑거름이 되었으며 문화와 문명의 발전에 획기적인 역할을 했던 것이다. 장

건은 오랜 시간이 흘러 나이가 들고 함께한 사람들마저 모두 떠났을
지언정 자신의 목표와 사명을 잊지 않았다. 그리고 결국 역사에 길이
남을 큰 족적을 실크로드 위에 남겼다. 그가 흉노 땅에서 얻은 가족과
의 안정된 삶에 안주했다면 그의 이름 석 자가 오늘날 우리에게 새겨
지지는 않았으리라.

  누구에게나 한 번쯤은 늦었다고 생각할 때가 온다. 그때 그대로 물
러앉을 것인가 다시 일어서 나아갈 것인가 선택은 온전히 자신의 몫
이다. 장건은 떨쳐 일어나 다시 자신의 목표를 향했고 마침내 이루어
냈다.

또한 진실로 인의를 베풀어 예속시킨다면 한나라 영토를 만 리나 넓힐 수 있어 각종 언어를 번역하고 각지의 특이한 풍속을 가지게 되니 천자의 위엄과 덕이 사해에 널리 퍼질 수 있을 것이다.(且誠得而以義屬之, 則廣地萬里, 重九譯, 致殊俗, 威德遍于四海) ─「대원 열전」

■ 장건 (?~기원전 114)

중국과 서방의 문화와 문명 교류의 장을 마련한 실크로드의 존재를 세상에 알린 자다. 한중(漢中) 사람으로 건원 연간에 낭관(郎官)이 되었다. 그가 한 무제의 명을 받고 여행한 흉노와 서역 등지의 지리와 산물 등에 대한 정보는 무제가 흉노를 견제하는 데 도움이 되었으며 대외 정책 수립에도 영향을 끼쳤다.

창업보다 수성이
더 어려운 법

최초로 천하를 지배한 자

베이징에서 북쪽으로 40킬로미터 올라가면 거대한 만리장성이 구불구불 산등성이를 타고 펼쳐진다. 입구에 크게 쓰인 한자와 한글은 이곳을 찾는 관광객 상당수가 한국인임을 보여 준다. 13억 중국인들은 죽은 진시황이 산 중국인을 먹여 살린다고 믿고 있다. 하루에도 수천 대씩 돌아다니는 관광버스가 이를 입증한다.

유감스럽게도 진시황은 무자비한 정복욕으로 죄 없는 백성들을 도탄에 빠뜨린 폭군이며, 분서갱유를 단행한 문화 말살자로 인식되어 있다. 또 신선에 빠지고 불로초에 눈이 팔려 어린 남녀 수천 명을 배에 태워 무작정 바다로 내보낸 황당무계한 자라는 인식도 강하다. 그러나 한편으로 진시황은 아버지에 이어 자신도 첩의 자식이라는 출신 성분의 한계를 극복하고 척박한 서쪽 진나라를 떨치고 일어나 처음으로 천하를 통일한 인물이기도 하다. 병합한 여섯 나라를 하나의 제국으로 통합하기 위해 도량형과 화폐, 문자를 통일했으며, 통치 근간이던 봉건제를 군현제로 바꾼 혁신을 이룬 것이다. 그래서 명대의 사상가 이지(李贄)는 진시황을 두고 '천고일제(千古一帝)', 즉 천년 이래 유일의 황제라고 극찬했다.

사마천은 「진시황 본기」 첫머리에서 아버지 장양왕이 조나라에 볼모로 가 있을 때 여불위의 첩을 취해 낳았다고 했고, 「여불위 열전」에서는 한층 더 나아가 그 첩이 이미 여불위의 아이를 배고 있었는데 장양왕이 그것을 모르고 그 아이를 자기 아들로 여겼다고 보충했다. 이 부분에 대한 사실성 여부는 해묵은 논란거리였다. 동방의 육국에 의해 진시황의 출생의 비밀이 왜곡되었다는 것이다.

13세에 아버지의 뒤를 이어 왕이 된 진시황은 자신의 출생 비밀을 알게 되고, 그토록 의지했던 여불위가 지나치게 강성해진 데다 모반에까지 연루되자 그를 가차 없이 제거한다. 뒤이어 진시황은 한나라, 조나라, 위나라, 초나라, 연나라, 제나라를 멸망시키면서 재위 26년, 나이 서른아홉에 천하를 손에 넣는다. 중국 최초로 천하 통일을 이룩한 데에는 진시황의 곁에 포진한 장의, 감무, 양후, 범저, 백기 등의 장수를 비롯하여 몽오, 왕전, 왕분, 여불위, 이사, 몽염 등의 인재들의 힘이 컸다.

이후 두 번의 결정적인 암살 위기를 넘긴 진시황은 스스로 황제라 그 칭하고, 이름에 걸맞게 통일 제국을 거미줄처럼 잇는 도로를 동(銅)마차를 타고 누비며 자신의 업적을 금석에 새겨 기념하기도 했다.

6년 후 진시황은 북방을 다스리고 오는 길에 연나라 사람 노생이 바친 귀신 이야기 책 『녹도서(錄圖書)』를 얻었다. 거기에는 "진을 망하게 할 자는 호(胡)이다."라는 섬뜩한 말이 있었다. 진시황은 즉시 장군 몽염에게 군사 30만 명을 이끌고 북방의 호인(胡人)들을 치도록 하고, 20여만 명의 죄수를 동원해 만리장성을 쌓게 했다. 그러나 멸망의 조짐은 다른 곳에 있었다.

몰락의 장본인은 바로 자신이다

집정 말기에 진시황의 몰락을 재촉하는 조짐들이 도처에서 일어났다. 시황제 36년에는 화성(火星)이 심수(心宿)를 침범했다. 또 유성이 동군(東郡)에 떨어져 땅에 닿자 돌덩이가 되었는데 나중에 그 돌에 누군가가 새긴 말이 이러했다. "진시황이 죽으면 땅이 나누어지리라." 진시황은 그 사실을 듣고 어사를 파견해 하나씩 심문했으나 실토하는 자가 없자 그 돌 가까이 거주하던 사람들을 모두 잡아 죽이고 돌을 불태워 없애 버렸다. 이상한 일이 계속되자 진시황은 당황스러웠다. 모든 것이 한순간에 날아갈 것만 같은 불길한 예감이 들었다.

진시황은 영지(靈芝) 및 선약(仙藥)과 신선을 찾게 하고 자신을 짐(朕)이란 말 대신 신선을 의미하는 진인(眞人)으로 부르겠노라고 명했다. 그러고는 수도 함양의 궁전 270곳을 연결해 휘장을 두르고 악기와 여인들을 가득 채웠다. 누구든 자신의 거처를 입에 올리면 사형에 처했다.

그런 그가 나이 쉰에 동방 순행에 나섰다가 사구(沙丘)에서 객사한 것은 그 자신뿐 아니라 진 제국에도 불행한 일이었다. 그가 죽기 전에 맏아들 부소에게 제위를 계승하라고 남긴 유서는 밀봉된 채로 환관 조고의 손에 남겨졌다. 그러나 여름 더위 속에 썩어 가는 그의 시신 곁에는 총애하던 막내아들 호해(胡亥)와 승상 이사, 환관 대여섯 명뿐이었다. 뒤늦게나마 제위를 물려주려던 맏아들 부소는 진시황에게 간언을 했다가 변방으로 쫓겨나 돌아오지 못하고 있던 참이었다. 결국 그의 유서는 위조돼 부소와 몽염은 자결하라는 거짓 유서로 바뀌었고 이로써 진 제국은 호해에게 넘어간다.

21세에 제위에 오른 이세황제 호해는 갖은 폭정을 일삼다가 반란군의 압박에 못 이겨 자살하고 만다. 뒤를 이은 자영도 46일 만에 유방에게 투항했다. 결국 진나라를 멸망하게 만든 자는 호인이 아닌 아들 호해였으니 그토록 많은 희생을 무릅쓰고 건설한 만리장성은 오히려 진나라와 북방의 소통을 방해하고 화이(華夷)로 대변되는 충돌과 단절, 반목과 질시의 상징이 돼 버렸다.

진시황은 갖은 우여곡절 끝에 천하를 통일했고 막강한 국력을 바탕으로 만리장성을 쌓아 오랑캐의 침략을 방어하고 진나라의 모든 시스템을 개혁하는 등의 전무후무한 성과를 거두었다. 그러나 그 위대한 업적 이면에 짙게 드리워진 탐욕과 교만, 자기 과신으로 인한 후계 구도의 실패 등 적지 않은 문제점을 노출한 것도 엄연한 사실이다.

우리는 진시황의 성공과 진나라의 패망을 통해 창업 못지않게 수성이 얼마나 어려운지 다시 한번 되새겨 보아야 한다. 특히 최고 경영자의 섣부른 판단 착오와 자기 과신은 구성원들을 불안에 떨게 하고, 심지어 조직의 근간을 흔들 수도 있다. 리더는 자신의 판단이 틀릴 수도 있다는 점을 늘 염두에 두어야 한다.

성공 뒤에는 언제나 패배가 도사리고 있다. 지금의 성공에 마냥 도취되지 마라.

■ 진시황 (기원전 259~기원전 210)

중국 최초의 황제로 이름은 정(政)이며, 나이 서른아홉 살에 중국을 통일하고 스스로 시황제라 칭했다. 군현제 실시, 도량형·화폐의 통일, 만리장성 구축 등 수많은 일을 해냈다. 그러나 분서갱유로 대변되는 문화 말살 정책으로 인해 공보다는 허물이 부각되어 평가가 엇갈리는 인물이다. 특히 그는 무리한 토목 공사로 민생을 도탄에 빠뜨린 자이며, 의심이 많고 후계 구도를 제대로 정하지 못했다는 비판이 많은데, 이는 그 자신의 업적보다는 그의 제국이 불과 2년 3개월 만에 멸망했다는 결과론적 이유에서 비롯되는 것이기도 하다. 그러나 중국 최초의 통일 제국을 만들고 하나의 시스템으로 국가를 통치하려 한 그의 공이 과소평가돼서는 안 될 것이다.

잃는 것을 두려워 말라

쥐 두 마리를 보고 인생의 지혜를 터득하다

사람이든 동물이든 살기 위해 몸부림치는 것은 마찬가지이므로 소신이 있느니 없느니 탓만 할 수도 없는 노릇이다. 장수선무(長袖善舞)라는 말대로 소매가 긴 사람이 춤을 잘 춘다. 조건이 좋으면 성공할 가능성이 높고, 자신을 알아주는 사람을 만나면 출세하는 데 분명 유리하다. 만나는 사람에 따라 운명이 바뀐 사례로 이사만 한 사람이 없다. 그의 인생은 파란만장 그 자체였다.

이사는 초나라 상채(上蔡) 사람으로 젊어서 군에서 낮은 벼슬아치 노릇을 했다. 어느 날 그는 쥐 두 마리를 보고 처세의 원리를 깨쳤다. 변소에 있는 쥐는 사람이나 개가 나타나자 깜짝 놀라 도망을 갔다. 그런데 창고 안에 있는 쥐는 쌓아 놓은 곡식을 먹으며 '여유 있게' 지내면서 사람이 나타나도 안중에 두지 않았다.

이사는 두 쥐를 보고 "사람이 어질다거나 못났다고 하는 것은, 비유하자면 이런 쥐와 같아서 자신이 처해 있는 곳에 달렸을 뿐이다."라며 출세를 위해 새로운 모험을 하기로 다짐한다. 곧바로 진나라로 향한 그는 당시 승상인 여불위를 찾아가 그의 사인(舍人), 즉 집사가 됐다. 이후는 출세 가도였다. 진시황의 생부이기도 했던 여불위가 추천해 진시황을 만난 그는 막강한 진나라에 눌려 바짝 엎드려 있는 다른 6개국이 힘을 합쳐 합종하기 전에 그들의 의도를 분쇄해야 한다고 주장했다.

진시황은 이사의 상황 판단 능력과 결단력 있는 말투에 감동하여 그를 궁궐의 모든 일을 총괄하는 관리의 우두머리인 장사(長史)로 삼았다. 절대 권력자의 신임을 얻은 이사는 제후국을 돌아다니며 뇌물도 주고 협박도 하며 이간책도 쓰는 등 갖은 계략을 동원하여 결국 객경(客卿)이 된다. 그사이에 자신을 찾아온 한비자(韓非子)도 제거하는 무자비함을 서슴없이 드러낸다. 한비자는 그와 함께 순자(荀子) 문하에서 유학을 공부한 동문이었다.

태산은 흙을 사양하지 않는다

그를 제거하려는 시도도 많았다. 당시 진나라에는 한나라에서 온 정국(鄭國)이라는 객경이 있었는데 그는 진나라 왕을 부추겨 토목 공사를 주도했다. 진나라는 그 공사를 하느라 바로 옆의 한나라를 칠 생각을 못했다. 나중에 정국이 첩자임이 밝혀진 후 진나라에서는 타국에서 온 첩자를 쫓아내자는 여론이 강력하게 일었다. 이사도 지목될 수밖에 없었다. 여기에는 이사 때문에 자신의 자리가 위태로워진 자들의 위기 의식도 작용했다.

이런 몰아내기 전략에 굴할 이사라면 저 멀리 초나라에서 오지도 않았을 것이다. 그는 자신의 마음을 담은 유명한 「간축객서(諫逐客書)」를 진시황에게 올렸다. 이는 마치 효공이 상앙을 만나 나라의 번영을 이룬 것처럼 자신도 진시황을 도와 나라를 부강하게 할 수 있다는 다짐이요 선언이었다. 또한 특정 지역 출신을 등용하는 식의 편견이 계속되면 천하를 장악할 수 없다는 충고였다. 토착 세력이 강하고 전통이 강하면 개혁이 어렵다는 것이다. 조직이 거대할수록 이러한 문제는 더욱 크다. 「간축객서」에서 이사는 진 목공이 다섯 명의 인재를 타국에서 데려와 서융의 우두머리가 된 것은 '태산불양토양 하해불택세류(泰山不讓土壤 河海不擇細流), 태산은 흙을 사양하지 않고 큰 강과 바다는 물줄기를 가리지 않는다.'란 열린 마인드를 지녔던 덕분이라며 비유적으로 진시황을 치켜세우고 개방 인재론을 설파했다.

이 한마디로 진시황은 곧장 빈객을 내쫓으라는 명령을 거두고, 이사의 관직을 회복시켜 그의 계책을 받아들였다. 이사의 벼슬은 정위(廷尉)에 이르렀다. 그로부터 20여 년 뒤에 진나라는 마침내 천하를 통일하고 군주를 높여 황제라 하였으니, 이사는 승상이 되어 권력의 주류로 급부상했다.

이후 그는 '분서갱유'로 대표되는 가혹한 조치로 사상과 문화적인 것뿐 아니라 정치 경제 등 각 방면에 일대 개혁을 단행하면서 진나라를 좌지우지하는 권력자로 자리를 굳혔다. 찰떡궁합, 이사는 글자 그대로 진시황이 추진한 개혁을 밑받침한 2인자였다. 그러나 자신을 강력하게 지지했던 진시황이 죽자마자, 이사는 호해와 환관 조고의 협박에 넘어가 유서 위조에 가담한다. 그는 확실한 기회주의자였다. 결국 이사는 유서 위조 사건으로 인해 허리가 베이는 참혹한 죽음을 맞는다.

적극적인 인생관과 긍정적 태도는 이사를 큰 인물로 만들었다. 그러나 대국적 견지보다는 자신의 출세에 연연한 점이 자신을 포함한 일족을 죽음으로 몰아넣었다. 권력에 함몰된 이사는 이성적 판단을 계속 그르쳐 패망을 초래한 것이다.

좋은 자리, 높은 자리에 있을 때 자신의 몰락을 예견하는 자는 드물다. 이사는 스승 순자의 이 말, "소인은 그가 (관직을) 얻지 못했을 때는 얻지 못할까 걱정하고, 이미 얻은 후에는 또 그것을 잃을까 두려워하기 때문에 그들에겐 몸이 다하도록 근심만 있고 단 하루의 즐거움도 없다."라는 말을 마음속에 새기지 않은 것 같다. 권세는 탐닉하기 쉬운 것이라 오만방자해지기 마련이다. 높은 자리에 올라갈수록 겸손의 미덕을 쌓는 것은 결국 자신을 위한 것이지 남을 위한 것이 아님을 명심해야 할 것이다.

가장 큰 부끄러움은 낮은 지위에 있는 것이며, 가장 큰 슬픔은 경제적으로 궁핍한 데 있습니다.(詬莫大於卑賤, 而悲莫甚於窮困.) —「이사 열전」

■ 이사 (?~기원전 208)

초(楚)나라 상채(上蔡)에서 태어나 유가인 순자에게 학문을 배웠다가 법가로 전향한 정치가다. 승상 여불위의 눈에 들어 진시황에게 발탁되어 객경이 되었다. 시황제를 도와 천하를 통일하고 군현제를 실시하게 하는 등 개혁 정책을 충실히 보좌한 2인자였다. 정위에서 승상으로 승진하고 분서갱유를 추진하기도 한 자이다. 진시황이 죽자 환관 조고와 공모하여 유서 위조에 가담, 진시황의 막내아들 호해를 이세황제로 옹립했다가 결국 조고의 농간에 의해 투옥되어 처형된 비극적 인물이다.

자만은 몰락의 조짐이다

견제받는 한신, 말실수가 화근인가

결과가 좋아야 그 사람의 이력에 긍정적인 평가가 따른다. 제아무리 성공했다 한들 자기를 과신하여 몸가짐을 조심하지 않으면 한순간에 몰락할 수도 있다.

젊었을 때의 한신은 그야말로 형편없는 존재였다. 귀족 출신이었던 그는 밥은 얻어 먹고 다닐지언정 칼만큼은 큰 것을 차고 다녔는데 동네 불량배들에게 놀림받고 가랑이 밑을 기어가는 수모를 겪기도 한다. 치욕의 세월을 보내던 중 항량과 항우가 들고 일어나자 한신은 그들에게 갔지만 그들은 한신을 알아주지 않았다. 그러다 유방 측근 중의 핵심이요 인사 행정을 맡았던 소하의 눈에 들어 대장에 임명되고 비로소 승승장구하기 시작한다.

어느 날 고조는 한신과 함께 여러 장수의 능력을 마음 놓고 말하면서 각각 등급을 매겼다. "나 같은 사람은 얼마나 되는 군대를 이끌 수 있겠소?"라는 고조의 말에 한신은 무심결에 "폐하께서는 그저 10만 명을 이끌 수 있을 뿐입니다."라고 대답했다. 마음 상한 고조가 다시 "그대는 어떻소?"라고 묻자 한신은 "신은 많으면 많을수록 더욱 좋습니다.(多多益善)"라고 답했다. 고조가 웃으면서 "많으면 많을수록 더욱 더 좋다면서 어째서 나에게 사로잡혔소?"라고 되묻자 말실수를 했다고 생각한 한신은 이렇게 말하며 어색해진 분위기를 추스르려 했다.

"폐하께서는 군대를 이끌 수는 없습니다만 장수를 거느릴 수 있습니다. 이것이 바로 신이 폐하께 사로잡힌 까닭입니다. 또 폐하는 이른바 하늘이 주신 바이니 사람 힘으로는 어쩔 수 없습니다."

한신은 간신히 고조를 치켜세우는 말로 마무리 지었지만 이미 고조는 마음속으로 한신을 위험인물로 점찍어 두고 있었다. 이 '다다익선'이란 말 한마디는 한신의 성품을 그대로 보여 주는 것이기도 하다. 만족을 모르고 과시욕 강한 한신. 자신이 어려서 인정도 받지 못하고 궁핍한 생활을 한 데서 온 콤플렉스의 표출로 볼 수도 있다. 그러나 이는 결국 자신을 파멸의 길로 몰아넣는다.

최고의 개국 공신, 토사구팽당하다

천하를 통일한 유방에게 한신은 불편한 존재로 다가왔다. 한신의 군사력을 약화시키기 위해 유방은 한신에게 정예병을 빼앗아 갔고

심지어 한신의 군대를 자신이 지휘하면서 한신의 군대 병부까지 빼돌려 갈 정도였다. 한신도 자신을 조여 오는 위험의 그림자를 감지했다. 한신은 유방에게 잘 보이기 위해 평소 유방이 원한을 품고 있던 종리매의 목을 가지고 갔다. 그럼에도 한신은 결국 "정말 사람들 말에 '날랜 토끼가 죽으면 훌륭한 사냥개를 삶아 죽이고, 높이 나는 새가 모두 없어지면 좋은 활은 치워진다. 적을 깨뜨리고 나면 지혜와 지모가 있는 신하는 죽게 된다.'라고 하더니, 천하가 이미 평정되었으니 내가 삶겨 죽는 것은 당연하구나!"(「회음후 열전」)라는 말을 남기면서 포박당한다. 유방은 낙양으로 가 한신의 죄를 용서하고는 회음후로 삼았다.

이로부터 한신은 날마다 고조를 원망하며 불만을 품었다. 언제나 병을 핑계로 조회에 나가지도 않고 수행하지도 않았다. 그러던 어느 날 진희(陳狶)가 거록군 태수로 임명되어 한신에게 작별 인사를 하러 왔다. 이때 한신은 진희에게 거록군에 모여 있는 정예 부대의 병사들을 이끌고 반란을 일으킬 것을 부추겼다. 얼마 후 진희가 정말로 모반하자 고조 유방은 그를 토벌하기 위해 직접 떠났다. 그사이 한신은 거짓 조서를 내려 여 태후와 태자를 습격하려 했다. 그러나 그의 계략은 새어 나갔고, 여 태후와 소하에 의해 죽음을 맞이한다.

인간의 욕망은 만족을 모른다. 채우면 채울수록 욕망은 더 커진다. 한신이 젊었을 때 품었던 욕망은 분명 건전했다. 그러나 처음에는 건전했던 욕망도 어느 선을 넘어서면 탐욕이 된다. 한신은 정치에 서툴렀으며, 장량과 소하와 다른 길을 걸었다. 왕의 견제를 받는 세력 큰 위험 존재로서 철저한 자기 절제가 선행되어야 살아남는 법인데 그는 그것을 몰랐다. 한신이 겸양한 태도로 자기 공로를 뽐내지 않고 능력을 자랑하지 않았다면 오래도록 영광을 누릴 수 있었을 것이다. 혼돈의 세상을 분석하는 능력은 뛰어났으나 내면을 성찰하는 지혜가 부족했던 것이다. '다다익선'이 지나치면 언제든 화근이 되는 법이다.

맹호라도 꾸물거리고 있으면 벌이나 전갈만 한 해도 끼치지 못하고, 준마라도 주춤거리면 노둔한 말의 느릿한 걸음만 못하며, 진(秦)나라 용사 맹분(孟賁)도 여우처럼 의심만 하고 있으면 보통 사람들이 일을 결행하는 것만 못하고, 순임금이나 우임금의 지혜가 있더라도 우물거리고 말하지 않으면 벙어리나 귀머거리가 손짓 발짓을 하는 것만 못하다.(猛虎之猶豫, 不若蜂蠆之致螫; 騏驥之跼躅, 不如駑馬之安步; 孟賁之狐疑, 不如庸夫之必至也; 雖有舜禹之智, 吟而不言, 不如瘖聾之指麾也.) ―「회음후 열전」

■ 한신 (?~기원전 196)

회음(淮陰)에서 태어난 한나라 초기의 장군이다. 진나라 말기의 천하 격변기에서 처음에는 항량과 항우를 섬겼다가 한왕 유방에게 들어가 소하의 추천으로 대장군이 되었다 후에 개국 공신이 되어 제왕(齊王)이 되고 다시 초왕(楚王)까지 올랐다. 개국 과정에서 세운 큰 공으로 세력이 커지자 왕의 견제를 받다가 기원전 201년 회음후로 내려앉았고 몇 년 후 죽음을 당한다.

불굴

不屈

어둠 속에서 힘을 기르다

치욕에도 살아남아 훗날을 도모하다

오르막이 있으면 내리막도 있는 법. 세상에 영원한 승리는 없다. 그 말은 곧 오늘의 패배가 영원하진 않을 수도 있다는 얘기다. 항우는 단 한 번의 패배에 좌절하여 스스로 포기하고 목숨을 끊었다. 그러나 월왕 구천은 은인자중하며 때를 노렸고, 결국 최후의 승리를 거머쥐었다.

구천은 하후의 임금 소강(少康)의 후손으로, 우여곡절을 겪으며 상담(嘗膽)의 세월을 보낸 인물이다. 오, 월 두 나라는 초나라의 동맹국으로 사이좋게 지내다가 패권욕에 사로잡히면서 갈라섰다. 월나라에 비해 힘이 월등한 오나라는 초나라와 빈번한 전쟁을 치렀다. 당시 오나라는 초나라와 싸워 이기는 등 어느 때보다 강성하다 보니 오왕 합려(闔閭)는 점점 오만해지기 시작했다. 부차(夫差)를 태자로 삼아 초나라 땅 일부를 지키게 하고 자신은 궁실을 다스리면서 화지(華池)와 장락궁(長樂宮)을 짓고 고소대(姑蘇臺)에서 유희를 일삼았다. 심지어 그는 태호(太湖)를 제대로 보기 위해 구곡로(九曲路)라는 길을 내었고 정궁(正宮)의 별관도 만들어 미인들을 곁에 두고 갖은 음식을 쌓아 놓고는 방탕한 생활을 했다. 과거에 초나라와의 전쟁에서 보여 줬던 근면 검소한 모습은 사라졌다. 이때 월나라가 초나라에 붙자 오나라로서는 눈엣가시였다.

먼저 월나라를 공격한 자는 오왕 합려였다. 그는 구천의 아버지 윤상(允常)이 세상을 떠나자 상사를 이용해 공격했다. 전세가 불리하자 월왕 구천은 사형수들을 거느리고 열을 지어 오나라 군대 진영 앞에서 자살하게 하는 공격법을 선택해 기겁하는 오나라 군대를 대파했다. 이 전투에서 상처를 입고 죽게 된 오왕 합려는 "월나라를 절대 잊지 말라."라는 말을 남기고 아들 부차에게 자리를 물려주었다. 부차는 유언을 받들어 오자서(伍子胥)와 백비(伯嚭)를 임용하고 섶 위에서 잠을 자며 월나라에 복수하고자 했다.

월왕 구천도 가만히 있지는 않았다. 그는 초나라 출신 문종(文種)과 범려를 등용해 정치를 개혁하고 국력을 길렀다. 그러나 월왕 구천이 즉위한 지 3년째 되던 기원전 494년 봄, 범려의 만류에도 섣불리 오나라를 공격했다가 대패해 병사 5000명만 데리고 회계산(會稽山)으로 도주하면서 목숨을 구걸하는 치욕을 겪는다. 구천은 미녀들과 재물을 백비에게 보내 속국이 될 수 있도록 힘써 달라고 부탁했다.

회계산의 치욕을 겪은 지 7년이 지나 구천은 다시 오왕을 공격하려 했으나 대부 봉동(逢同)의 만류로 단념했다. 그러나 오히려 2년 뒤 오히려 구천은 오왕 부차에게 공격당해 또다시 패배했다. 구천은 부차에게 식량을 빌려 달라고 하는 등 스스로를 낮추고 오왕을 섬기면서도, 백비와 오자서를 이간하는 계책을 병행하며 어둠 속에서 자신을 기르고 있었다.

몸을 낮추고 기회를 엿보다

구천은 상처 입은 백성들을 위로하고 전쟁에서 죽은 유족들을 보살폈다. 그는 쓰디쓴 쓸개를 걸어 놓고 밥 먹을 때도 그것을 맛보면서 복수의 칼을 갈았다. 그가 택한 위민 정책은 이러했다. 법령을 정해 여자가 임신을 하면 관청에서는 의사를 파견해 주고 사내아이를 낳으면 술 두 병과 개 한 마리를 상으로 내렸다. 여자아이를 낳으면 술 두 병과 새끼 돼지를 한 마리 주었다. 세쌍둥이를 낳으면 관청에서는 돈을 내어 유모를 불러다 주었고 두 쌍둥이를 낳으면 양식을 제공했다. 적자가 죽은 집에는 3년 동안 부역을 면제해 주었고 서자가 죽은 집에는 3개월 동안 부역을 면제해 주었다. 내정을 개혁하고 형벌과 부세를 줄이고 백성들이 황무지를 개간하도록 독려하자 국가는 10년 만에 백성들에게 세금을 거두지 않게 되었으며 백성들은 집집마다 3년 동안의 양식이 비축되었다. 백성들이 월왕 구천을 친근하게 대하는 것이 마치 부도를 대하는 자식과 같았다.

구천은 내정을 다지는 동시에 또한 외교전을 전개했다. 오나라에 대해서는 계속 물러나는 것으로 나아가는 전략을 취했고 미미한 존재로 보이게 했다. 오왕 부차에게 후한 예물을 바쳐서 월왕이 내심으로 존경한다는 인식을 갖게 했으며 월나라에 대한 경계심을 없애고 오만한 기운을 북돋아 주었다. 이와 동시에 국경 지대에서 높은 가격으로 오나라의 양식을 거두어들여 오나라의 식량을 야금야금 축내서 곤란한 형국을 맞게 했다. 또한 부차로 하여금 백비의 말만 듣도록 하고 오자서를 멀리하게 하는 내부 이간책도 사용했다. 이러한 조처들로 자신을 겉으로는 작지만 속으로는 크게 했고, 적에 대해서는 겉으로는 강하지만 속으로는 약화시켜 오나라를 멸망시킬 수 있는 확고한 기초를 다졌다.

월나라의 이런 대비와 달리 부차는 자만에 빠져 지냈다. 백비와의 갈등 속에서 충신 오자서는 "내 눈을 오나라 동쪽 문에 매달아 놓아 월나라 군사가 쳐들어오는 것을 지켜보게 해 달라."라는 저주를 퍼부으며 죽는다. 결국 오자서의 예견대로 구천은 모사 범려의 계책에 귀 기울이고 기회를 엿보다 오나라를 공격하여, 3년의 공방전 끝에 고소산에서 목숨을 구걸하는 부차를 자결하게 만들고 태재 백비도 주살한다.

22년 만에 구천은 오나라를 평정하고, 제나라와 회맹하고 초나라, 송나라, 노나라와의 우호 관계를 구축하며 패왕(覇王)이란 명망을 얻어 역사의 전면에 화려하게 등장했다. 그는 이렇게 도광양회(韜光養晦, 빛을 감추고 그믐 속에서 자신을 기른다는 뜻)하면서 때를 보고 있었던 것이다. 부차는 '와신'의 세월을 잊고 거듭된 오자서의 간언을 받아들이

지 않다가 결국 패망했으며, 구천은 몸을 낮추고 '상담'하며 오랜 세월 동안 상황을 자신의 것으로 만들어 승리를 쟁취했다.

　강한 자가 살아남는다는 말보다 살아남는 자가 강한 자다란 말이 더 설득력이 있는 것은 결국 최후의 승자가 되기가 그만큼 어렵다는 반증이다. 인간은 누구나 슬픔과 고통을 겪고 산다. 때로는 감당할 수 없는 치욕을 견뎌 내야 하는 경우도 있다. 어설픈 필부의 용기로 대사를 그르치기보다는 속으로 치욕을 삭여 가며 미래를 도모하는 것이 종국에는 훨씬 더 멋진 결과를 얻을 삶의 방식 아니겠는가.

> 충만함을 지속하려면 하늘과 더불어 가야 하고, 넘어지려는 것을 안정시키고자 하면 사람과 함께해야 하며, 사리를 절제하고자 하면 땅의 이치로 해야 합니다. 말을 낮추고 예물을 두둑하게 해서 그에게 보내십시오.(持滿者與天, 定傾者與人, 節事者以地. 卑辭厚禮以遺之.) ―「월왕 구천 세가」

■ 구천 (기원전 520?~기원전 465)

춘추 시대 후기의 월나라 왕으로 우임금의 후예다. '구(句)'를 '구(勾)'라고 쓰기도 한다. 합려를 전쟁에서 죽였다가 합려의 아들 부차에게 패배하여 가까스로 목숨을 부지한다. 치욕의 세월을 보낸 끝에 범려의 도움을 받아 오나라를 멸망시키고 춘추오패가 되었다. 그러나 만년의 그는 범려를 추방하고 대부 문종을 자살하게 하는 등 비상식적인 행동을 하기도 했다.

묵묵히 담금질을 견디며
역량을 축적하라

때론 가식 된 여유가 조급증보다 낫다

험난한 시대를 살아가는 방식 가운데 염두에 두어야 할 단어가 바로
'여유'다. 아무리 힘든 상황에서도 서두르지 않는 자에게 우리는 때로
경외마저 느낀다. 범저와 채택, 소진과 장의, 염파와 인상여 등으로 대
표되는 춘추 전국 시대의 모사들은 상당수가 시대의 변화에 한없이 인
내하면서 때를 기다리던 강적들이었다. 그들의 삶은 고난의 연속이었
고 때로는 칼끝보다 시퍼런 고통이 폐부로 파고들었다. 거의 가진 것
없이 대부분 자신의 조국에서 버림받고 이 나라 저 나라를 떠다니며
세 치 혀를 무기 삼아 일자리를 찾기 위해 몸부림쳤던 자들이다.

그런 인물 가운데 하나가 장의다. 「장의 열전」에 따르면 장의는 위

(魏)나라 사람으로 친구인 소진과 함께 귀곡선생에게 유세술(합종술과 연횡술)을 배웠다. 수학 시절에는 소진보다 뛰어난 역량을 발휘한 장의였지만 학업을 마치고 유세하러 제후들을 찾아갔을 때 생각처럼 잘 되지 않았다. 반면 설득의 귀재요 책략가인 소진은 동방의 여섯 나라를 설득해 막강한 진나라의 동방 진출을 막을 수 있는 합종책을 내세워 15년간 6국의 재상을 역임했다.

장의가 초나라를 방문해 유세할 때의 일이다. 초나라 재상과 함께 술을 마시는데 마침 재상이 아끼던 구슬을 잃어버렸다. 그러자 다들 백수나 다름없는 장의가 훔쳤을 것이라며 수백 번 매질을 했다. 장의는 억울하기 그지없었다. 집으로 기어서 들어가자 부인이 핀잔을 줬다.

"당신이 글을 읽어 유세하지 않았던들 어찌 이런 수모를 겪었겠습니까."

그러자 장의는 이렇게 대꾸했다.

"내 혓바닥이 아직 붙어 있는지 봐 주시오."

"혀는 붙어 있네요."

"그럼 됐소."

장의는 이렇게 농담을 하면서 자신의 처지를 잊고자 했다. 이런 수모를 겪으며 훗날 진나라 재상이 된 장의는 격문을 써서 초나라 재상에게 경고했다.

"지난날 내가 당신과 술을 마셨을 때 구슬을 훔치지 않았건만 당신은 나를 매질하였소. 이제 당신 나라를 잘 지키시오. 나는 당신 나라의 성읍을 훔칠 것이오."

결국 초나라는 장의의 선언대로 망하고 말았다.

상대의 약점을 파고들다

장의는 소진의 전략에 맞서 6국의 연합 동맹을 허물고 개별적으로 진나라와 횡적 동맹을 구축하는 연횡책으로 대응해 진나라 천하 통일의 발판을 마련했다. 장의의 유세법은 상대의 강점과 약점을 정확히 집어내는 것이었다. 그는 현실적 대안을 모색하는 방식으로 상대를 설득했다. 이는 그가 제나라 민왕(泯王)을 설득하는 데서 잘 드러난다. 초나라와 진나라는 강대국이었으므로 서로 경쟁할 만했지만 제나라는 진나라와 맞서기에는 힘이 부족했다. 그런데도 제나라 민왕이 실속보다는 화려한 명성만 생각하고 있어 협상에 걸림돌이 되었다. 장의는 진나라와 조나라의 이야기를 비유해 설명했다.

"진나라와 조나라가 황하와 장하(漳河)에서 싸운 적이 있는데, 두 차례 싸워서 조나라가 두 번 다 진나라를 깨뜨렸습니다. 조나라 번오(番吾)의 성 아래에서도 두 차례 싸워서 모두 진나라를 깨뜨렸습니다. 그러나 네 차례 싸운 뒤에 조나라가 잃은 군사는 수십만 명에 이르고, 겨우 수도 한단만을 지켰을 뿐입니다. 싸움에서 이겼다는 이름은 얻었지만 나라는 이미 다 파괴되었습니다. 이것은 무엇 때문입니까? 진나라는 강하고 조나라는 약했기 때문입니다."

손자도 말한 바 있지만 신전(愼戰), 즉 전쟁에 신중하라는 말은 특히 약소국에게는 거의 보감이나 다름없는 명언인 것이다.

전국 시대에 특히 유세가들이 많았던 것은 각 제후국 간의 이해관계가 얽힐수록 말을 잘하는 외교가가 더욱 필요했기 때문이다. 장의는 수많은 유세가들 중에서도 특출 났다. 탁월한 화술의 달인인 그의 말은 꼼꼼한 논증이 뒷받침되어 있고 허허실실의 방식으로 접근한 일종의 독심술적인 면도 갖고 있었다. 또 문학적인 표현으로 상대방의 공포심을 자극하고 적절한 은유와 과장의 수사법을 활용한 그의 화술은 상대방을 설득하는 유효한 무기였다.

의연한 태도로 수모를 견딘 장의처럼 때로는 치욕을 겪더라도 겉으로 드러내며 유난 떨지 말고 속으로 삭이고 참아야 하며, 남들이 눈치채지 못하도록 속내를 감추어야 한다. 와신상담이나 절치부심, 도광양회 같은 말은 조금만 힘들어도 이리저리 소문내며 유난 떠는 자들에게는 어울리지 않는다. 묵직한 침묵과 파격적 여유로 상대를 대할 때 그 어떤 위협보다 강한 무기가 된다는 점을 명심하자.

■ 장의 (?~기원전 309)

전국 시대 위(魏)나라 출신의 종횡가로서 합종책의 소진과 더불어 귀곡선생에게 배운 유세가다. 소진에게 열등감이 들게 할 정도로 뛰어났으나 초나라에 유세하러 갔다가 태형을 받기도 했다. 집념과 끈기로서 진나라에서 벼슬을 하고 혜문왕 때 재상이 되었다. 재상이 된 지 1년 만에 죽었으니 위나라 애왕(哀王) 10년, 진나라 무왕(武王) 2년의 일이다.

신념만으로는
승리할 수 없다

자객의 이름으로 후세에 전해지다

"바람 소리 소슬하고 역수는 차갑구나! 장사가 한번 떠나면 다시는 돌아오지 못하리."

널리 알려진 구절이다. 진시황을 죽이러 떠나며 자신의 운명을 예감하고 구슬픈 노래를 불러 듣는 사람들의 눈을 부릅뜨게 하고 머리카락이 관을 찌를 듯 치솟게 만든 자객 형가.

장이머우 감독의 영화 「영웅」에서 명장면 중 하나를 꼽는다면 진시황과 형가가 마주한 장면이다. 진시황은 형가에게 자신의 칼을 던져주며 말한다. "네 마음대로 하라." 그러나 형가가 날아올라 진시황을 향해 겨눈 것은 칼끝이 아니라 칼등이었다. 결국 진시황만이 천하 통일로 혼란을 잠재울 수 있는 진정한 영웅이란 의미다. 물론 이 내용은 역사적 사실을 왜곡한 픽션일 뿐이다. 진 제국의 등장을 필연적인 것으로 규정하면서 팍스 차이나의 부활을 힘써 강조하고자 하는 것이리라.

본래 한나라는 유학이 국가의 중심 사상이었고 이런 자객들의 활동은 국가의 통치 이념과 어긋나는 것이었다. 이들이 지금 말하는 살인 청부업자가 아니라 의리와 명분을 가지고 의인 혹은 우국지사로서 활동했을지라도 드러내 인정하기는 힘든 소외 계층이었다. 그러나 사마천은 자신의 이익이 아니라 명분을 위해 뜻을 굽히지 않고 소신에 따라 움직인 자객들을 후세의 귀감으로 삼아 열전에 기록했다.

형가는 위(衛)나라 사람으로 책 읽기와 격투기, 검술을 좋아했다. 유세가가 되려 했지만 위나라 원군(元君)이 외면하자 연나라로 갔다. 술을 좋아한 형가는 그곳에서 날마다 개 백정과도 어울렸고, 술이 얼큰하게 취하면 고점리(高漸離)가 축(筑)을 타고 형가는 그 소리에 맞추어 시장 가운데서 노래를 부르며 즐겼다. 그러다가 서글프게 울기도 했는데 마치 옆에 아무도 없는 것처럼 자유분방한 모습을 보였다. 형가는 비록 술꾼들과 사귀어 놀기는 했지만 그 사람됨이 신중하고 침착했다. 어디를 가도 현인이나 호걸, 덕망가들과 사귀었고 그러면서도 원칙을 철저히 지키며 조신하게 처신했다. 그의 인물됨을 알아본 연나라의 선비 전광(田光)도 그런 부류였다.

섣부른 실행은 실패로 끝난다

때마침 연나라 태자 단(丹)이 진나라에 볼모로 잡혀갔다가 연나라로 막 돌아온 후였다. 태자 단은 볼모로 있으면서 훗날 진시황이 된 정(政)과 죽마고우로 지냈다. 그런데 정이 진나라 왕이 되자 단에게 예우를 해 주지 않았고 이를 원망하며 도망쳐 온 것이다. 더구나 진나라가 산동 지역으로 군대를 파견, 영토 확장을 서두르면서 지리적으로 비교적 안전 지대였던 연나라도 두려움에 떨기 시작하던 때였다.

결국 태자 단은 진시황 암살을 계획하고 전광에게 적임자를 물으니 전광은 형가를 추천했다. 태자 단에게 형가를 소개시키고 돌아서는데 태자 단이 전광에게 이 일의 비밀을 지켜달라고 특별히 부탁했다. 태자의 말을 들은 전광은 고개를 숙여 웃으면서 "알겠습니다."라고 대답했다. 전광은 사람의 심리를 꿰뚫어볼 줄 알았다. 그는 태자의 말이 무엇을 의미하는지를 알고는 스스로 목숨을 끊었다. 죽기 직전에 전광은 태자 단이 자신을 의심한 것을 형가에게 알린다.

"내가 듣건대 나이 들고 덕 있는 사람은 행동하면서 다른 사람에게 의심을 품게 하지 않는다고 하였습니다. 그런데 지금 태자께서는 나를 의심하고 있습니다. 대체로 일을 행할 때 남에게 의심을 사는 것은 절개 있고 의협심 있는 사람의 행동이 아닙니다."

의심이 몸에 밴 태자 단은 이리저리 재기만 할 뿐 속전속결로 처리하는 것이 요체인 암살 계획을 차일피일 미룬다. 결국 형가가 태자 단에게 제안하기를, 당시 진나라에서 반란을 일으켰다가 탈출해서 연나라로 도망쳐온 번오기(樊於期)의 목과 연나라의 기름진 땅 독항(督亢)

의 지도를 바치는 방법으로 진시황을 만나 죽이자고 했다. 그런데도 태자 단이 나서지 않자 형가는 번오기를 만나 연나라의 위급한 상황과 자신의 생각을 조심스럽게 말했다. 번오기는 주저 없이 한쪽 어깨를 드러내고 한 손으로 팔을 움켜쥔 채 앞으로 다가서며 "이것이야말로 제가 밤낮으로 이를 갈고 가슴을 치며 고대하던 일입니다."라며 스스로 자신의 목을 쳐 형가에게 던져 버렸다.

번오기의 목을 상자에 담고 둘둘 만 독항의 지도 속에 날카로운 비수를 숨긴 형가는 진시황을 만나는 데 성공한다. 형가는 진시황이 번오기의 목에 만족해하는 틈을 타 지도 속에 숨겨 둔 비수를 꺼내 들어 죽이려고 했다. 진시황은 칼이 길어 미처 뽑지도 못한 채 다급한 나머지 전 아래에 있는 병사들을 부르지도 못하고 기둥을 빙빙 돌며 도망쳤고 신하들은 형가를 무기 없이 맨손으로 공격했다. 허둥지둥하는 진시황에게 어떤 신하가 "칼을 등에 지십시오!"라고 외쳤고, 진시황은 그제야 칼을 뽑아 형가의 왼쪽 다리를 베고 다시 여덟 군데나 상처를 입혔다. 형가는 미소를 머금으며 "내가 일을 이루지 못한 까닭은 진나라 왕을 사로잡아 위협해 반드시 약속을 받아 내 태자에게 보답하려 했기 때문"이라고 말한다. 그러고는 주위 신하들이 곧 몰려와서 형가를 잔인하게 죽였다.

이 일로 진시황은 연나라를 공격했고 태자 단은 연수(衍水)라는 곳의 섬에 숨어 있다가 아버지 연왕이 보낸 자에 의해 목이 베이고 만다. 태자 단의 복수극은 허망하게 끝났고 연나라도 5년 만에 멸망했다.

형가의 무모한 용기는 결국 자신의 죽음은 물론 연나라의 몰락을 앞당기고 말았으니 때론 섣부른 시도가 모든 것을 한순간에 다 날아가게 하는 법이다. 물론 자기가 생각한 뜻을 위해 자신의 목숨까지 내어 가며 결단 있게 나선 형가의 의기는 높이 살 만하다. 그러나 뚝심 있는 행동도 때에 따라서는 미루어 둘 수 있어야 한다. 좀 더 명민하게 형세를 판단해 움직일 때를 파악해야 한다. 아무리 명분이 뚜렷하다고 해도 그 명분의 실현 가능성을 염두에 두고 뒷날의 결과를 생각한다면 중간에 잠시 뜻을 구부리는 것도 필요하다는 말이다. 형가의 죽음 이후 계속된 암살 시도에도 살아남은 진시황은 결국 천하를 통일했고 병으로 세상을 떠났으니, 오히려 암살 위협은 진시황으로 하여금 점점 더 삶에 집착하게 하고 강압적인 군주로 변하게 했음을 형가는 짐작이나 했을까.

대체로 위태로운 일을 하면서 안전함을 찾고 재앙을 만들면서 복을 구하려고 한다면 계책은 얕아지고 원망만 깊어질 뿐입니다.(夫行危欲求安, 造禍而求福, 計淺而怨深.) —「자객 열전」

■ 형가 (?~기원전 227)

위(衛) 출신의 자객으로, 책 읽기를 좋아하고 칼 쓰기에 능했다. 도망 다니기도 하다가 연나라의 태자 단의 눈에 띄었고, 형경(荊卿)·경경(慶卿)이라고 불리게 되었다. 진시황 암살을 위해 나서기로 하고 장수 번오기의 목과 연나라 독항의 지도를 가지고 가 진시황을 암살하려다가 옷소매만 잘라 내 버리고 도리어 실패로 끝나 죽음을 당한다.

치욕을 딛고
권토중래해야 하거늘

승승장구로 패왕이 되다

흔히 역사는 승자 편이라고 한다. 강자를 대우하고 약자를 홀대하는 대중의 속성상, 패자는 거의 설자리가 없다. 『초한지』라는 소설에서도 그려져 있듯이, 유명한 항우와 유방의 쟁패 과정에서 유방이 최종 승자로 결정지어지자, 힘만 천하장사이지 지략도 없고 타락한 장수의 이미지로 굳어져 버린 항우란 인물을 보기로 하자.

『사기』 10대 명편으로 꼽히는 「항우 본기」에 의하면 항우는 하상(下相) 사람이다. 그의 숙부가 바로 항량인데 처음 군대를 일으켰을 때 스물네 살이었다. 힘이 장사였던 항우는 어려서 글을 배웠으나 소질이 없어 중도에 그만두었고 검술을 배웠으나 그것도 내팽개치고 병법을 배웠다. 어느 날 진시황이 회계(會稽)를 유람하고 절강(浙江)을 건너는데, 항량과 항우가 그 행렬을 보게 되었다. 항우가 "저 자리를 빼앗아 대신할 수 있습니다."라고 말하자 항량이 그의 입을 막고 말했다. "함부로 말을 하지 마라. 삼족이 멸한다." 그러나 항량은 내심 항적을 특출한 인물이라고 여겼다.

명망 있는 가문 출신이기는 했지만 이렇다 할 기반은 별로 없었던 그가 혜성처럼 나타나게 된 것은 진나라 폭정에 항거한 진섭의 모반과 등 돌린 민심이라는 천시(天時)가 있었기 때문이다. 그리고 그에게는 진나라 수도 함양에 먼저 입성한 유방이 패상으로 군대를 이끌고 물러난 한 달 뒤 제후들의 맹주가 된 기민함과 진나라의 여러 공자와 왕족들을 살해하고, 함양의 궁실을 불태우고 진귀한 보물과 재물을 몰수해 제후들과 나누어 가지는 배짱도 있었다. 그러나 항우는 서초패왕(西楚覇王)이 돼 천하를 호령하면서 결국 유방의 도전을 받게 된다.

나를 망하게 하는 것은 포기다

항우가 방심한 사이 유방은 건곤일척의 승부를 위한 최후의 결전을 준비하고 있었다. 항우는 우 미인이라는 여인과 술에 빠져들어 있었다. 기원전 202년 겨울 유방은 항우를 해하에서 포위하여 항우를 벼랑 끝으로 몰고 간다. 사면초가에 몰린 항우는 자신의 처지를 이렇게 읊었다. "힘은 산을 뽑을 수 있고 기개는 세상을 덮을 만한데, 때가 불리하여 추가 나아가지 않는구나. 추가 나아가지 않으니 어찌해야 하는가, 우여, 우여, 그대를 어찌해야 하는가!"

항우의 뺨에 눈물 줄기가 떨어지자 좌우에 있던 사람들이 모두 울었다. 그런 그가 갑자기 애마에 올라타고는 따르는 부하 800명과 함께 한밤의 포위망을 뚫고 달아났다. 날이 밝자 한나라 군대는 비로소 이 사실을 알고 기병장 관영에게 기병 5000을 이끌고 그를 쫓게 했다. 항우가 회수를 건너니 그를 따라온 기병이 100여 명뿐이었다. 항우가 다시 군대를 이끌고서 동쪽으로 가서 동성(東城)에 이르렀는데, 겨우 기병 스물여덟 명만이 남아 있었다. 추격하는 한나라 군대의 기병은 수천이었다. 직감적으로 포위망을 벗어날 수 없음을 깨달은 그는 기병들에게 말했다.

"여덟 해 동안 직접 70여 차례나 싸우면서 맞선 자는 쳐부수고 공격한 자는 굴복시켜 이제껏 패배한 적이 없었다. 그러나 지금 결국 이곳에서 곤경에 처했으니 이는 하늘이 나를 망하게 하려는 것이지 내가 싸움을 잘하지 못한 탓이 아니다."

천신만고 끝에 항우에게 오강(烏江)이란 강을 건너면 살아남아 천하를 다시 도모할 수 있는 기회가 왔건만 항우는 배를 대고 기다리는 오강의 정장에게 뜻밖의 말을 한다. "하늘이 나를 망하게 하는데 내가 무엇 때문에 강을 건너겠는가!" 그러고는 옛 부하에게 자신의 목을 가지고 유방에게 가면 1만 호의 식읍을 받을 것이라며 스스로 목숨을 끊어 버렸다. 이를 두고 훗날 당나라 시인 두목(杜牧)은 「제오강정(題烏江亭)」이라는 시에서 이렇게 노래했다. "이기고 지는 것은 전쟁에서 기약할 수 없는데/ 치욕을 안고 견디는 것이 사나이다/ 강동의 자제들 중에는 인재가 많으니/ 흙을 말아 올려 다시 오는 날을 아직 알지 못한다(勝敗兵家不可期, 包羞忍恥是男兒, 江東子弟才俊多, 捲土重來未不知)"

권토중래라는 말을 탄생시킨 이 시에서 두목은 항우가 후사를 도모하지 않고 자결한 것을 안타깝게 여겼다. 사내대장부라면 오히려 치욕을 견디고 슬픔을 감내해야 자신의 포부를 실현할 수 있는 법이다.

때로는 강자가 무너질 수 있고, 한 번의 실패로 모든 전세가 역전될 수도 있다. 그러나 천하의 패권을 다투는 자는 자신을 바라보며 따르는 수많은 사람들이 있다는 것을 알아야 한다. 조직을 책임진 리더는 끝까지 살아남아 권토중래하면서 기회를 보아 재기할 수 있어야지 혼자만의 격정에 휘감겨 조직의 운명을 구렁으로 내몰아서는 안 되는 법이다.

부귀한 뒤에 고향에 돌아가지 아니하는 것은 비단 옷을 입고 밤 길을 가는 것과 같으니 누가 그것을 알아주리오!(富貴不歸故鄕, 如 衣繡夜行, 誰知之者!) — 「항우 본기」

큰일을 함에 있어서는 자질구레한 예절은 신경 쓰지 않는 법이 요, 큰 예절을 행함에는 작은 허물을 사양치 않는 것입니다.(大行 不顧細謹, 大禮不辭小讓.) — 「항우 본기」

■ 항우 (기원전 232~기원전 202)

하상(下相) 사람으로 이름은 항적(項籍), 자는 우(羽)이다. 처음 군대를 일으켰을 때 나이는 스물네 살이었다. 그의 막내 작은아버지는 항량이다. 진나라 말기, 전국의 백성들이 모반을 일으키던 혼란기에 항우는 타고난 담력과 재능으로 매우 빠르게 두각을 나타냈다. 숙부 항량과 함께 군사를 일으켜 유방과 협력하여 진나라를 멸망시키고 스스로 서초(西楚)의 패왕이 되었다. 그 후 유방과 패권을 다투다가 해하에서 포위되어 자살했다.

소통

疏通

통섭의 길을 열다

모든 가치를 거부한 해체주의자

인위적인 제도를 거부하고 때로는 일상과 속세에서 벗어나 자연을 벗 삼아 노닐어 보고 싶은 것은 곧잘 떠오르는 생각이다. 물질문명에 대한 지나친 믿음을 갖고 사는 현대인에게 마음을 비우고 조용히 자신의 삶을 돌아보게 하는 사상가가 바로 노자다.

주나라의 덕(德)이 무너지고 나라가 찢기면서 몰락하자 분봉된 제후들이 저마다 세력을 확장하기 시작했다. 이들은 약육강식의 논법으로 상대를 공격하고 자신에게 유리한 입지를 구축하기 위해 골몰했다. 상대를 교묘하게 속이는 권모술수가 판을 치고, 자신의 약점을 감추기 위한 고도의 눈속임이 도를 더해 갔다.

그런 와중에서 제자백가라고 불리는 자들은 저마다 자신이 옳다고 주장하며 제후들을 찾아가 유세하고 자리를 보장받고자 했다. 어떤 일이든 시비와 곡직을 구분하기 어렵고, 정도와 사도의 구분도 불분명한 혼란기였다. 이런 시대적 분위기에서 오직 자연의 도와 덕만이 영원히 변치 않는 보편 진리라고 말하는 사상가가 있었으니, 그가 바로 노자다. 그가 말하는 특유의 모순 어법은 얼핏 보면 알 듯 모를 듯하지만, 그것은 만물을 음양 양극간의 역동적인 상호작용으로 파악하는 태도요 대립과 모순을 역설적인 조화로 설명해 내는 어법이다.

노자는 초나라 사람으로 주나라의 장서(藏書)를 관리하던 사관 출신이다. 사마천은 "해박한 역사 지식의 소유자였던 노자가 도(道)와 덕(德)을 닦고 스스로 학문을 숨겨 헛된 이름을 없애는 데 힘썼다."라고 평가하면서 "그가 주나라의 몰락을 싫어해 은둔하러 길을 떠났다가 함곡관(函谷關)의 관령(關令) 윤희(尹喜)와의 만남을 통해 이 위대한 사상서 『도덕경』이 탄생했다."라고 적었다. 사마천의 지적대로 노자는 『도덕경』 상·하편을 지어 '도'와 '덕'의 의미를 5000여 자로 말하고 떠나갔다. "어떤 사람은 노자가 양생술을 터득해 160여 세 혹은 200여 세까지 살았다고 추론하기도 한다."라는 사마천의 말은 노자란 인물이 위대한 철학자이면서도 신화적 이미지가 강한 인물임을 대변해 준다.

노자가 귀하게 생각하는 도는 허무(虛無)이고, 자연을 따르며 무위(無爲) 속에서도 다양하게 변하므로 그가 지은 『도덕경』도 말이 미묘해 이해하기 어렵다. 그러나 『도덕경』은 중국 고전 중에서 가장 많은 언어로 번역됐다.

말할 수 있는 도는 도가 아니다

"말할 수 있는 도는 늘 그러한 도가 아니다.(道可道非常道)"라는 말로 시작되는 『도덕경』의 첫머리는 언어 자체의 한계를 벗어나야만 제대로 된 의미를 획득한다고 역설한다. 언어를 거부하는 반문화론자 노자는 모든 사물은 그 자체의 이치가 있고, 이 이치는 계속 변하기에 인간에 의해 작위적으로 만들어진 언어로 개념화하고 규정짓는다는 것이 얼마나 어리석은 일이냐고 한탄한다.

더구나 상위의 개념으로 모든 사물을 포괄하는 '덕'도 변할 수밖에 없다는 논지는 우리가 덕을 말하는 순간 그 본래의 의미가 이미 상실돼 영원한 덕이 아닌 것으로 뒤바뀐다는 것이다. 이는 우리가 알고 있는 상식의 해체요, 기존 관념의 해체인 동시에 경전적 위상을 부여해 온 성현들의 어록에 대한 해체이기도 하다. 모든 사물은 그 자체의 이치가 있고 이 이치는 계속 변하기 때문에 그것보다 상위의 개념으로 모든 사물을 포괄하는 덕도 변할 수밖에 없다고 본 것이 바로 노자의 관점이다. 그러기에 노자는 우리가 덕을 말한다고 해서 그 덕이 영원불변한 덕이 될 수 없다는 논리를 피력한 것이다. 이것은 그 당시의 진리 개념을 해체한 것이요, 성현들의 말씀을 근본에서부터 부정하는 것이었다.

언어의 한계를 인식하고 도와 덕에 관한 초언어의 입장에서 출발한 이 내용이 법가의 창시자격인 한비에 의해 절대 군주의 처세서로 재

평가된 것은 대단히 역설적이다. 노자가 원하지 않았을 새로운 해석법을 내놓은 한비에 의해 노자는 자신도 모르는 사이에 길이 전혀 다른 법가와도 회통 가능성을 열어 두었으니 말이다.

노자의 사상은 한비에 의해 계승되면서 한 무제가 '겉으로는 도가요 안으로는 법가(外道內法)'라고 일컬어지는 통치 스타일을 유지하게 하는 원동력이 됐다. 강력한 중국을 건설하고 54년간이나 재위할 수 있었던 한 무제 통치의 힘은 전혀 다른 사상을 모두 받아들일 수 있는 열린 마음에서 나온 것이 아니겠는가.

> 훌륭한 상인은 물건을 깊숙이 숨겨 두어 아무것도 없는 것처럼 보이게 하고, 군자는 아름다운 덕을 지니고 있지만 모양새는 어리석은 것처럼 보인다.(良賈深藏若虛, 君子盛德, 容貌若愚.) ―「노자·한비 열전」

■ 노자 (기원전 571?~기원전 471?)

도가 사상의 창시자로서 초나라 사람으로 성은 이(李), 이름은 이(耳)이며, 자는 백양(伯陽), 시호는 담(聃)이다. 전하는 바에 의하면 팽조(彭祖)의 후예라고도 하며, 주나라의 장서(藏書)를 관리하던 사관 출신이다. 노자가 썼다는 『도덕경』 5000자가 세상에 전해진다. 그는 도교의 창시자로 알려져 있으며, 무위를 핵심으로 하며, '도'가 우주 만물의 근원임을 밝혔다. 유가인 공자와 더불어 2000여 년의 중국 사상의 양대 축을 형성한 그는 공자와 동시대인으로 서로 만나기도 했다는 기록이 있다.

가질수록 비워야
가라앉지 않는다

세 명의 어진 이

"해와 달은 밝은 빛을 내려 하나, 뜬구름이 그것을 가린다.(日月欲明, 而浮雲蓋之.)"(『회남자(淮南子)』「설림(說林)」)라는 말이 있다. 진실은 생각보다 드러나기 힘든 법이라는 뜻인데, 태평한 나라에서는 덜하지만 충신보다는 간신이 득실대는 상황이 조성된 난세에서는 더욱 그러하다.

은(殷) 왕조 말기 주왕(紂王)은 극악무도했다. 공자는 "은나라에 어진 이가 세 명 있다."라고 했다. 모두 주왕에게 힘써 간언했던 기자, 미자(微子), 비간(比干)를 꼽아 말한 것이었다. 미자는 술과 가무, 여색에 빠져 지내던 주왕에게 여러 번 간언했으나 듣지 않자 나라를 떠나 버렸다. 그러나 비간은 "신하 된 자는 목숨 바쳐 간언해야 한다."라며 더욱 강하게 주왕에게 주청했다. 그러자 화가 난 주왕은 "나는 성인의 심장에는 일곱 개의 구멍이 있다고 들었다."라고 하면서 비간의 배를 갈라 심장을 꺼내 죽여 버렸다.

기자 조선의 시조로 우리에게도 익숙한 기자 또한 주왕이 갖은 악행을 저지르고 주지육림에 파묻혀 정사를 게을리 하자 소신껏 간언했다. 「송 미자 세가」에 보면, 주왕이 처음에 상아로 만든 젓가락을 사용하기 시작하자 기자가 한탄하며 이렇게 말했다.

"그 사람이 상아 젓가락을 사용하면 반드시 옥으로 된 잔을 쓸 것이고, 옥잔을 쓰면 반드시 먼 곳의 진귀하고 기이한 물건들을 탐낼 것이다. 수레와 말, 궁실의 사치스러움이 이것으로부터 점점 시작될 것이니 (나라는) 흥성할 수 없을 것이다."

사람의 욕망은 끝이 없다는 얘기다. 그러나 주왕은 애첩 달기와 함께 더욱 음란하고 잔혹하게 굴었고 누구의 말도 들으려 하지 않았다. 그러자 누군가가 기자에게 이 나라를 떠날 것을 권했다. 하지만 기자는 "신하된 자가 간언하였으나 듣지 않는다고 떠나 버리면 이것은 군주의 잘못을 기리는 것이니 나는 차마 떠날 수 없다."라며 오히려 머리를 풀고 미친 척하다 노비가 되었지만 결국 주왕이 그를 다시 가두었다.

얼마 후 주왕은 주나라 무왕에 의해 패하자 스스로 불 속으로 뛰어들어 죽었다. 천자의 자리에 오른 무왕은 기자를 감옥에서 풀어 주고 비간의 무덤에 봉분해 주었으며, 미자는 송나라에 봉해 은나라의 후대를 잇게 했다.

일상의 법도를 잃으면 어지러워진다

2년 뒤 무왕은 기자를 찾아 치국의 도를 들으려 했다. 무왕이 기자에게 백성들을 안정시키고 사람들을 화목하게 하는 방법을 알려 달라고 청하자 기자는 단호하게 "일상의 법도를 잃게 된 것이 나라가 어지러워진 이유"라며 이렇게 말했다.

"옛날에 곤(우임금의 아버지)이 홍수를 막으면서 오행(伍行)의 질서를 어지럽혀 하느님이 크게 노여워 홍범(洪範, 큰 법도) 아홉 가지 등을 주지 않아 일상의 원칙이 깨져 버렸습니다. 곤이 벌을 받아 죽자 우임금이 그 일을 이어받아 일으킨 것입니다. 하늘은 즉시 우임금에게 홍범 아홉 가지를 주니 일상의 법도가 그 순서를 얻게 됐습니다."

기자의 충언은 일상의 원칙과 법도를 회복하라는 말로 요약된다. 이 말을 듣고 난 무왕은 즉시 기자를 조선에 봉했으나 그를 신하로 대우하지는 않았다고 사마천은 기록하고 있다. 사실상 이 기자동래설은 사마천 이후 『한서』 지리지 연조(燕條)에도 나오듯이 기자가 조선에 와서 예의(禮儀), 전잠(田蠶), 직작(織作), 팔조지교(八條之敎)를 가르쳤다는 내용으로 이어지면서 어느 정도 타당성 있는 설로 받아들여지기도 했지만 기자라는 인물이 기원전 1100년께 사람인데 공자도 이름만 언급했을 뿐 동래설을 언급하지 않았고 사마천과 반고 이후의 문헌에는 기자동래설이 나오지 않는다는 점에서 입지는 좁아 보이고 설득력도 부족하다.

여하튼 기자는 옛 은나라의 도읍지를 지나가다 궁실이 훼손돼 거기에 벼와 기장이 자라는 것을 보고 상심해 소리 내어 울고 싶었으나 그럴 수 없었다고 한다. 울먹이려니 아녀자들처럼 보일까 해서였다. 그가 「보리 이삭(麥秀)」이란 시를 짓기도 하며 망국 은 왕조에 대한 아쉬움을 달래니 은나라 유민들이 그의 시를 듣고 눈시울을 적셨다고 한다. 여기서 맥수지탄이라는 말도 생겼다.

군주의 잘못을 지적하며 왕조를 지키려다 유폐된 기자와 충신의 간언에 귀를 기울이지 않고 파멸을 자초한 주왕. 이는 장기 집권한 왕의 말기나 왕조 말기 쇠락에 접어들 때 늘 생겨나는 비극이다. 진시황, 유비, 손권, 당 현종 등도 한결같이 말기에 들어서면서 아집과 자기 틀에 갇혀 의심이 많아지고 측근들을 경계하면서 자신만의 제국으로 빠져들었다. 충신들은 설 자리를 잃고 간신들만 설쳐 대며 자신뿐 아니라 국가도 위기에 직면했다. 이 같은 역사의 원리는 예나 지금이나 다름없다.

편협되지 말고 붕당을 만들지 않고 성왕의 도의를 따릅니다. 좋아하는 짓을 하지 않으며 성왕의 도를 따릅니다. 나쁜 짓을 하지 않으며 성왕의 길을 따릅니다.(毋偏毋頗, 遵王之義. 毋有作好, 遵王之道. 毋有作惡, 遵王之路.) —「송 미자 세가」

■ 기자 (?~?)

성은 자(子), 이름은 서여(胥余)이다. 기(箕) 땅에 봉해져 기자라고 한다. 은나라 28대 군주인 문정(文丁, 태정(太丁)이라고도 함)의 아들로 주왕의 숙부다. 주왕의 폭정을 간언했으나 받아들여지지 않고 결국 유폐되었다. 주나라 무왕에 의해 은나라가 멸망되어 기자는 풀려난다. 그러자 그는 유민들을 이끌고 주나라를 벗어나 북동쪽으로 왔다고 한다. 기자는 조선 시대에도 단군과 함께 제(祭)도 지내고 사당도 세워졌으나 그런 기자동래설은 최근에는 근거가 희박한 것으로 밝혀졌다. 기자는 은나라 말기의 어진 세 명의 현인으로 꼽힌다.

극단의 화살은
자신에게 돌아온다

아들마저 폐인으로 만든 잔인한 복수극

개관논정(蓋棺論定)이란 말이 있다. 관 뚜껑을 덮고 나서 그 사람의 가치를 평가해야 한다는 말이다. 한 고조 유방의 조강지처였던 여 태후는 역사에서 어떻게 평가받았을까.

부와 권력을 모두 다 움켜쥔 그녀. 천하에서 가장 독한 여자로 꼽히는 여 태후의 이름은 여치(呂雉)다. 혜제와 노원태후를 낳았으며, 건달 출신의 유방을 그림자처럼 도왔다. 두 오빠 모두 장군으로, 무인 기질의 집안에서 나고 자란 여 태후는 늘 유방과 함께 전장을 누볐으며 언제나 유방을 든든하게 뒷받침했다. 그러나 갖은 난관 끝에 천하를 지배하게 된 고조 유방은 자신의 과거 시절을 잊어버리고 조강지처 여 태후 대신 척희(戚姬)라는 희첩에게 마음을 빼앗겨 버린다. 척희가 등장하면서 유방에게 버림받고 더구나 척희가 훗날 조 은왕이 된 유여의(劉如意)를 낳으면서 후계자 문제에서까지 위협을 받게 되자 여 태후는 독을 품는다. 척희가 유방의 침소에서 자신의 아들을 태자로 삼게 해 달라고 간청하는 동안 나이 많은 여 태후는 그와 함께 파란만장했던 예전의 소회를 풀 기회조차 드물었다. 여의가 조왕에 세워진 뒤 태자에 오를 뻔하자 여 태후의 위상은 더욱 흔들렸다.

이윽고 고조 유방이 세상을 떠나자 여 태후는 척희와 조왕 여의에 대한 원한을 과감 없이 드러낸다. 여 태후는 죄 지은 궁녀를 유폐하는 영항(永巷)에 척희를 가두고 조왕도 불러들이라고 호통을 쳤다. 생전의 고조는 이런 상황을 예견해 건평후(建平侯) 주창(周昌)을 승상으로 삼아 측근에서 척희와 조왕을 보호하게 했다. 조왕은 여 태후의 치솟은 분노를 알았기에 자신의 이복형인 혜제 곁에서 목숨을 보존하려고 했고, 이런 사정을 아는 혜제는 늘 곁에서 말 없는 후원자가 돼 주었다. 그러다 보니 여 태후는 조왕을 죽일 기회를 좀처럼 얻지 못했다. 그러나 시간은 오래 걸리지 않았다. 결국 효혜제 원년 12월에 혜제가 활을 쏘러 간 사이 여 태후는 사람을 보내 독을 탄 술을 먹여 조왕을 죽이고 평민의 예로 장사 지냈다.

여 태후는 여기서 그치지 않았다. 여 태후는 척희의 손과 발을 자르고 눈알을 뽑고 귀를 태워 돼지우리에 가뒀다. 그러고는 아들 혜제를 불러 이 '사람 돼지'를 구경하게 했다. 혜제는 시종들에게 물어보고 나서야 그녀가 척희라는 것을 알고 큰 소리로 울었다. 이 일로 혜제는 병이 나 1년이 지나도록 일어날 수조차 없을 지경이었다. 그는 어머니의 잔혹함에 몸서리를 치다 천하를 다스릴 자신이 없다며 술과 여자에 빠져들었다. 결국 혜제는 왕위에 오른 지 7년 만에 시름시름 앓다가 세상을 떠났다. 이때도 여 태후는 곡소리만 낼 뿐 눈물 한 방울 흘리지 않았다.

빛바랜 여인 천하

이후 여 태후는 천하를 손에 넣었다. 고황후 원년이라는 새로운 연호를 사용하고, 주발과 관영 등의 비호를 받으며 핵심 요직에 유씨가 아닌 여씨들을 앉혔다. 여 태후와 여씨들이 전횡을 휘둘렀음에도 당시의 한나라는 체제가 정비되고 형벌이 없어지는 등 한층 발전된 국가로 성장했다. 여 태후는 인격적으로 결함이 있었지만 천하 경영이란 공적 영역에서 남긴 업적은 많았다. 그녀의 국가 경영 실적은 유약하고 무능한 혜제와는 비교할 수 없을 정도로 뛰어났다. 그러기에 사마천은 꼭두각시에 불과한 혜제 대신 왕이 아니었음에도 실질적으로 천하를 장악했던 여 태후를 본기에 넣는 파격을 보여 주었다.

역설적이게도 여 태후의 후속 정권, 즉 여씨 정권을 무너뜨린 자들은 반대파들이 아니었다. 그녀가 그토록 총애하던 주발과 진평이 혼돈 국면을 다스린다는 명목을 내세워 여씨 정권을 무너뜨렸으니 권력의 허무함을 다시 한번 생각하지 않을 수 없다. 주발과 진평이 여 태후가 세상을 떠난 지 불과 두 달 만에 여씨들을 축출한 것은 그녀도 그러했듯이 영원한 적도 아군도 없는 피비린내 나는 정치 현실을 그대로 드러낸다.

사마천은 여 태후를 두고 "여주인으로 황제의 직권을 대행해 정치가 방 안을 벗어나지 않았어도 천하는 편안했다. 형벌이 드물게 사용되어 죄인이 드물었다. 백성들이 농사에 힘쓰니 옷과 음식은 더더욱 풍족해졌다."라고 평했다. 여 태후가 안목이 좁고 보복 심리가 강하여 대의를 보지 못하고 지엽적인 문제에 함몰되어 결국 정치가로서 인정받지는 못했지만 강인한 성격으로 개국 초기의 불안정한 시스템을 안정시키는 데 공을 세운 것은 인정해야 한다.

여 태후는 중국 최초의 태후로서 한나라 역사를 통틀어 가장 태평한 시대를 만들어 냈다. 아무 보잘것없는 유방을 도와 천하를 차지하고 나름의 추진력으로 반석을 다지게 한 여 태후의 힘은 여제 혹은 여걸로서 손색이 없다. 그러나 그것을 이루어 낸 과정은 처참했다. 그녀에게 포용과 관용이란 없었다. 자신이 저지른 모든 일은 언젠가는 되돌아오는 법, 덕은 덕으로 악은 악으로 보답받는다. 여 태후는 순리에 역행했고 극단으로 치달았다. 결국 그 화살은 아들에게 돌아와 그를 단명하게 했고, 나머지 친족들도 몰살되는 비극을 낳았다. 시련을 겪었을지언정 덕으로 상대를 품었다면 중국 3대 악녀라는 오명 대신 불후의 여걸로 기억되지 않았을까.

무릇 천하를 소유하여 만백성의 운명을 다스리는 사람은 하늘같이 덮어 주고, 땅같이 받아들여야 하오. 황제가 즐거운 마음을 가지고서 백성들을 편안하게 하면, 백성들은 기뻐하며 황제를 섬기게 되니, 즐거움과 기쁨이 서로 통하여 천하가 다스려지게 되오.(凡有天下治爲萬民命者, 蓋之如天, 容之如地, 上有歡心以安百姓, 百姓欣然以事其上, 歡欣交通而天下治.) ──「여 태후 본기」

■ 여 태후 (?~기원전 180)

이름이 치(雉)이고 자는 아후(娥姁)다. 흔히 여후(呂后)라고 한다. 유방이 미천했던 시절 여 태후의 아버지 여공이 유방의 관상을 보고는 크게 될 인물임을 알고 딸을 주어 결혼시켰다. 이후 유방의 조강지처로 천하 통일의 대업을 곁에서 도왔으나 유방이 죽고 나자 본색을 드러났다. 더욱이 혜제가 23세의 나이로 죽자, 혜제의 후궁에서 태어난 왕자들을 등용하기도 하는 등 사실상 여씨 정권을 수립했다. 특히 유방이 유씨만을 제후왕으로 삼으라는 유훈을 저버리고 동생 여산(呂産), 여록(呂祿)을 제후왕으로 책봉하여 기존 유씨 잔존 세력과의 갈등 관계가 형성되었고 이런 일들이 빌미가 되어 15년간 여인 천하의 막을 내린다.

독선은 개혁가가
경계해야 할 최대의 적

강력한 변법을 행하다

개혁이나 혁신에 반발이 따르는 것은 어찌 보면 당연하다. 그러나 역풍이 두려워 개혁을 늦춰서는 안 된다. 개혁자에게 요구되는 것은 차가운 이성과 흔들림 없는 평정심이다. 그리고 무엇보다도 타인과 생각을 공유하는 공감 능력이 필요하다.

상앙은 법가의 대표 인물로 모반에 연루되어 멸족당한 자이다. 그래서 이름은 추악한 이미지로 남아 있을 뿐이었다. 그런데 사마천은 「상군 열전」을 지어 한나라 조정의 분위기와 사회적 선입견을 과감히 깨뜨리고 상앙이 이룩한 변법의 성취를 긍정적으로 평가하는 모험을 감행했다. 왜 그런가?

상앙은 위(衛)나라 왕의 첩이 낳은 아들로, 원래 성씨는 공손(公孫)이다. 젊은 시절 그는 위(魏)나라 재상 공숙좌(公叔座)를 잘 섬겨 대부의 집안일을 맡아 보는 중서자(中庶子)란 자리에 올랐다. 공숙좌는 그의 사람됨을 알고 후임자로 점찍어 두었다.

어느 날 병에 걸린 공숙좌는 위문 온 위나라 혜왕(惠王)에게 자신을 대신해 상앙에게 나라의 큰일을 맡기라고 말한다. 혜왕이 자신의 말을 귀담아 듣지 않자 공숙좌는 만일 상앙을 등용하지 않으면 반드시 그를 죽여 다른 나라로 가지 못하게 하라는 섬뜩한 말을 남긴다. 그러고는 다시 상앙을 불러 똑같은 말을 전한다. 혜왕이 상앙을 등용하지 않으면 위험하니 멀리 떠나가라고. 상앙은 왕이 자신을 등용하라는 말도 듣지 않았는데 어찌 죽이라는 말을 듣겠느냐며 유유히 자신의 자리에 남아 있었다.

공숙좌가 세상을 떠난 후 상앙은 널리 인재를 구한다는 진(秦)나라 효공(孝公)의 포고령을 보고 진나라로 향한다. 그리고 그곳에서 어느 태감의 빈객으로 있으면서 효공과의 만남을 네 번이나 가진 끝에, 효공이 상앙과 무릎이 닿는 것도 모를 정도로 혼이 쏙 빠져들 만큼 왕의 마음을 사로잡는다.

그가 제시한 변법은 이러했다. 군주의 절대 권력 확립을 전제로 하면서 구태의연하고 봉건적인 옛 제도 혹은 유산을 없애고 귀족의 세습적 특권을 박탈하고, 지식인들의 자유로운 사상 논의를 엄격히 금하는 강압적인 전제주의적 통치였다. 구체적으로는 행정 구역을 현 단위로 개편하고 농업을 중흥시켜 먹고사는 문제를 해결했으며, 개간

사업을 진행하고 조세도 철저히 징수했다. 특히 군공을 세우면 예우하되 사사로운 다툼은 법으로 금했고, 연좌제를 실시해 서로를 감시하게 했다.

그러나 법을 시행하던 첫 해부터 항의하러 온 자들이 1000여 명이나 될 정도로 반대파들이 많았으니 그것을 감내해야 하는 효공의 부담도 컸다. 상앙은 이를 두고 효공에게 "다른 사람들보다 뛰어난 행동을 하는 자는 원래 세상 사람들의 비난을 받게 마련이며, 남들이 모르는 지혜를 가진 자는 사람들에게 오만하다는 비판을 듣게 마련입니다."라며 강력하게 밀어붙였다.

오히려 문제는 다른 데에 있었다. 상앙은 법을 지키면 상을 받고 지키지 않으면 벌을 받는다는 원칙을 확고하게 지녔던 사람인데, 백성들은 그의 말을 믿지 않는 분위기였다. 그래서 그는 한 가지 묘책을 냈다. 먼저 세 길이나 되는 나무를 도성 저잣거리의 남쪽 문에 세우고, 백성들을 불러 모아 놓고는 이 나무를 북쪽 문으로 옮겨 놓는 자에게는 10금을 주겠다고 했다. 그러나 그 누구도 옮겨 놓지 않고 이상하게 생각할 뿐이었다. 그래서 다시 금액을 다섯 배 올려 말했다. 그제야 어떤 사람이 나서서 나무를 옮겼는데 즉시 그에게 약속한 대로 금을 주자 사람들은 그다음부터 법을 잘 지키기 시작했다. 법이 곧 신뢰임을 보여 준 것이다.

자신이 만든 법에 자신이 걸려들다

상군이 재상이 된 지 10년이 흐르자 원망하는 자들이 많아졌다. 더구나 효공이 죽으면서 평소 불만을 참아 두었던 사방의 정적들이 그를 죽이려고 달려드는 형국으로 변했다. 신변의 위협을 느낀 상앙은 위(魏)나라로 망명하기 위해 국경 근처 객사에 들렀다가 주인장이 요구한 신분증을 내놓지 못해 곧바로 신고되고 만다. 그는 결국 "아! 법을 만든 폐해가 결국 이 지경까지 이르렀구나."라는 말을 남긴 채 수레에 사지가 찢기는 거열형을 당해 죽음을 맞이한다.

여론보다 자기 확신과 결단력에 의지한 상앙은 강력한 법치를 내세운 전제주의적 리더이자 급진적 개혁가의 전형이다. 상앙의 저돌적인 개혁 의지가 없었다면 진나라는 대국의 통치 기반을 갖추고 대외 영토 확장 계획을 쉽게 수립하지 못했을 것이다. 상앙의 말은 틀림이 없으나 뜻대로만 굴러가지 않는 것이 세상이치다. 상앙은 오직 효공을 위해 존재한 사람이었고 권력에 취했다. 주변을 돌아보고 민심을 보듬어 가면서 개혁의 수위를 조절했다면 그토록 황망한 죽음을 맞이하지는 않았을 것이다. 무리수를 두면 결국 자멸하게 된다.

전제주의적 발상은 모든 구성원이 리더의 요구대로 일사불란하게 움직이고, 단 한 명의 반대파도 없어야 한다는 경직성을 보인다. 특히 카리스마형 리더는 자신이 설정한 목적을 위해 수많은 사람에게 희생을 강요하거나 조직원들에게 치유할 수 없는 상처와 공포를 남기기도 한다. 상앙도 타인에 대한 지나친 엄격함 때문에 죽음이라는 부메랑을 맞은 비극적 인물이다. 절대 권력을 휘두르던 자들의 말로가 비참한 것은 대부분 자신만은 예외일 것이라는 착각에서 나오는 것이 아닐까.

의심스러워하면서 행동하면 공명이 따르지 않고, 의심스러워하면서 사업을 하면 성공할 수 없습니다.(疑行無名, 疑事無功.) ─「상군 열전」

걸치레의 말은 허황되고, 마음속에서 나오는 말은 진실 되며, 듣기 괴로운 말은 약이 되고 달콤한 말은 독이 된다.(貌言華也, 至言實也, 苦言藥也, 甘言疾也.) ─「상군 열전」

■ 상앙 (기원전 395?~기원전 338)

전국 시대의 정치가이자 사상가로 법가의 대표 인물이다. 위앙(衛鞅) 또는 공손앙(公孫鞅)이라고도 한다. 위(衛)나라 왕의 첩이 낳은 서출 출신으로 일찍부터 형명학(刑名學)을 좋아하여 조예도 깊었다. 그는 진나라 효공의 눈에 들어 변법에 성공하고 상군(商郡)에 봉해졌으나, 결국 거열형에 처해져 비극적인 죽음을 맞이한다. 그러나 그의 변법은 훗날 진나라 천하 통일의 초석을 마련했다는 평가를 받는다.

귀를 열고 입을 닫아라

윗사람을 설득하는 방법

절대 권력자에게 함부로 간언하는 것은 자칫 목숨마저 위태롭게 하는 위험천만한 일이다. 역린(逆鱗)을 건드리지 않으면서도 깨닫게 만드는 설득의 달인들이 있으니, 이런 유형의 인물들을 골계가(滑稽家)라고 한다.

순우곤은 본래 제나라 사람으로 몸집은 작았으나 변설에 뛰어났고 익살스러운 외교관이었다. 그는 상대의 허를 찌르는 예리한 풍자와 비유를 통해 앞에서는 상대를 웃음 짓게 만들고 뒤돌아서면 자신의 잘못이 무엇인지 일깨워 주는 대표적인 골계가였다.

순우곤이 위나라에 머물 때였다. 당시 위왕(魏王)은 후궁들과 함께 주연이나 베풀고 방탕한 생활을 하고 있었는데, 어느 날 순우곤에게 주량이 얼마나 되느냐고 물었다. 그는 이렇게 대답했다.

"대왕이 계신 앞에서 술을 내려 주신다면 엎드려 마시기 때문에 한 말을 못 넘기고 바로 취합니다. 만일 어버이에게 귀한 손님이 있어 술을 대접하면서 때때로 끝잔을 받기도 하고, 여러 차례 일어나 술잔을 들어 손님의 장수를 빌기라도 하면 두 말을 마시기 전에 취합니다. 만약 친구를 오랜만에 만나면 지난날의 일들을 이야기하고 사사로운 생각이나 감정까지 터놓게 되어 대여섯 말을 마시면 취합니다. 만약 같은 고향 마을에 모여 남녀가 한데 섞여 앉아 서로에게 술을 돌리며 쌍육(雙六)과 투호(投壺) 놀이를 벌여 짝을 짓고, 남자와 여자가 손을 잡아도 벌을 받지 않고, 눈이 뚫어져라 쳐다보아도 금하는 일이 없으며, 앞에 귀걸이가 떨어지고 뒤에 비녀가 어지럽게 흩어지는 경우라면 여덟 말쯤 마셔도 약간 취기가 돌 뿐입니다. 그러다 날이 저물어 술자리가 끝나면 술 단지를 한군데로 모아 놓고 자리를 좁혀 남녀가 한자리에 앉고, 신발이 뒤섞이고, 술잔과 그릇이 어지럽게 흩어지고, 마루 위의 불이 꺼집니다. 주인은 신만을 머물게 하고 다른 손님은 모두 돌려보냅니다. 이윽고 얇은 비단 속옷의 옷깃이 열리는가 싶더니 은은한 향내가 퍼집니다. 이때 저의 마음은 몹시 즐거워 술을 한 섬은 마실 수 있습니다. 그러므로 '술이 극도에 이르면 어지럽고 즐거움이 극도에 이르면 슬퍼진다.(酒極則亂, 樂極則悲)'라고 하는데 모든 일이 이와 같습니다. 사물이란 지나치면 안 되며, 지나치면 반드시 쇠합니다."
(「골계 열전」)

순우곤이 말하는 방식은 늘 이러했다. 왕에게 간언을 할 때 목숨을 담보해야 하는데 이런 식의 깨우침이 통하게 된 것은 순우곤이 적절한 때에 예리한 비유로 충고했고 또한 위왕도 경청의 지혜를 지니고 있었기에 가능한 것이었다. 이 말을 들은 위왕은 깨달은 바가 있어 술 마시는 것을 그만두고 순우곤에게 제후들 사이의 외교 업무를 맡겼다. 또 순우곤을 늘 곁에 두고 자신의 잘못을 지적해 주도록 했다. 대화는 두 사람이 하는 것이고 조언도 들을 자세가 되어 있는 자에게 쓸고가 있는 법이다.

위기를 헤쳐 나가는 것은 유연한 사고

제나라에서 있었던 일이다. 제나라 왕은 순우곤을 시켜 따오기를 초나라에 바치도록 했다. 순우곤이 도성문을 나서 길을 가다 실수로 따오기를 날려 보냈다. 그는 한참 고민하다 빈 새장만 들고 가서 초나라 왕을 뵙고 천연스레 이런 말을 했다.

"제나라 왕께서는 신에게 따오기를 바치도록 했습니다. 물가를 지나는데 따오기가 목말라 하는 것을 보고 새장에서 꺼냈더니 날아가 버렸습니다. 목숨을 끊을까도 생각했습니다만 사람들이 우리 왕을 보고 새 때문에 선비가 스스로 목숨을 끊도록 했다고 할까 봐 두려웠습니다. 다른 따오기를 사서 가져올까 했습니다만, 이것은 신의 없는 행위로 우리 왕을 속이는 것입니다. 다른 나라로 도망치려고도 했습니다만 두 나라 사이에 사신의 왕래가 끊길까 봐 가슴 아팠습니다. 그래서 여기까지 와서 잘못을 자백하고 머리를 두드려 왕께 벌을 받으려

합니다."

 순우곤이 자신의 실수를 만회하고 왕의 마음을 상하지 않게 하는 재치가 돋보이는 장면이다. 위기를 헤쳐 나가는 방법이 여러 가지로 있지만 이처럼 역시 여유로운 사고가 사태를 좋은 방향으로 나아가게 하는 법이다. 양쪽을 다 거스르지 않으면서 만족하게 하고 그것을 헤쳐 나갈 수 있는 유연성은 아무나 지닐 수 있는 것이 아니다.

 간언을 하는 자든 간언을 듣는 자든 필요한 것은 이러한 유연함이다. 대체적으로 사람은 이기적인 존재라서 자신에게 득이 되는 말만 골라서 들으려 하고 자신에게 필요 없거나 불리한 말은 들으려 하지 않는다. 더구나 권력자는 궁 안에 갇혀 있다 보니 그로 인해 잘못된 판단을 하기 쉽다. 그러기에 중요한 것이 경청이고 바로 소통의 리더십이다. 리더가 말을 많이 하면 아래 사람들은 입을 닫아 버린다. 귀를 열고 입을 닫는 것이 리더의 일이다.

> 돼지기름을 가시나무에 발라서 바퀴 축에다가 칠하는 것은 바퀴의 회전을 원활하게 하기 위함인데, 만약에 구멍을 각지게 뚫으면 돌아가지를 않습니다.(豨膏棘軸, 所以爲滑也, 然而不能運方穿.) ―「전경중완 세가」

■ 순우곤 (기원전 385~기원전 305)

성이 순우이고 이름이 곤이다. 천한 신분 출신에 못생긴 외모와 왜소한 체격을 지니고 있었으나 익살과 다변으로 소신껏 군주에게 풍자와 간언을 했다. 박학다식을 무기 삼아 제나라 위왕 때 직하에 학자로 들어와 대부가 되었으며, 나중에 위나라로 들어가 다시 위왕에게 신임을 받아 상국이 되기도 하였으나, 그는 결국 사직하고 떠나 버렸다고 한다.

너무 강해도 부러진다

타인과의 부조화로 쫓겨난 엘리트주의자

사람은 가까운 자신의 허물은 못 보고 항상 멀리 있는 남의 허물을 보려 한다. 또한 자신이 아픈 것은 잘 알면서도 남이 아픈 것은 역시 잘 모른다. 훌륭한 군주와 올곧은 신하가 만나면 별 문제가 되지 않는다. 그러나 그렇지 않을 경우에 택할 수 있는 길은 많지 않다. 대부분은 신하가 적당히 아부하면서 권세를 누리는 방식을 택하지만, 스스로 삶의 원칙을 정하다가 극단적인 선택을 하는 신하도 있다.

굴원이 그런 경우다. 「굴원·가생 열전」에 의하면 굴원은 전국 시대 초나라 사람으로 초 회왕(懷王)과 경양왕(頃襄王)을 섬겼고 삼려대부라는 고위직에 올랐다. 그 원동력에 대해 사마천은 굴원의 견문과 기억력, 시대를 파악하는 능력과 글솜씨를 들었다. 그러나 역사와 외교적인 안목이 뛰어난 굴원에게는 적당한 타협이나 융화가 거의 없었다. 자신의 자질이나 능력, 청렴함에 대한 자부심을 지키려는 엘리티즘만 있을 뿐이었다.

잘 나가던 굴원 앞에 상관대부 근상이란 자가 정치적 라이벌로 등장했다. 이후 굴원은 갖은 시기와 이간질을 받게 된다. 그가 회왕으로부터 버림받을 당시 근상이 왕에게 "그는 법령이 하나 만들어질 때마다 자기 공을 뽐내면서 '자기가 아니면 법령을 제대로 만들 사람이 없다.'라고 했다."라며 일러 바쳤는데, 이는 굴원의 처신에 문제가 있었다는 것을 내비치는 대목이다.

사실 특별한 잘못도 없이 좌도(左徒, 국왕 곁에 있는 관리로 조서나 명령을 내릴 때 초안을 잡고 외교 협상 등의 일을 함) 벼슬에 있던 사람이 하루아침에 쫓겨난다는 것은 이해하기 어렵다. 평소 굴원의 행태에 대한 회왕의 보이지 않는 불안감이 있었고 이것이 근상을 매개로 해 폭발했다고 보는 것이 옳다. 물론 굴원을 내친 회왕은 좋은 결과를 보진 못했다. 회왕은 장의에게 속아 초나라 땅 600리를 빼앗기고 술수에 걸려들어 8만 경의 병사를 진나라 군대에 잃었고, 화친을 맺자는 계략에 걸려들어 진나라로 들어갔다가 억류돼 적국에서 늙어 죽었다. 그러나 굴원이 설 자리는 이미 없었다. 굴원에게 반감을 품은 동료들에 의해 결국 참소를 받아 벼슬에서 쫓겨나고 만다.

끝까지 깨끗하리라

드넓은 초나라 지역의 강가를 유람하던 굴원의 얼굴빛은 꾀죄죄했고 몸은 마른 나뭇가지처럼 야위었다. 어떤 어부가 그를 보고 "당신은 삼려대부나 되는 분이거늘 무슨 일로 이곳까지 왔습니까?"라고 묻자 굴원은 "온 세상이 혼탁한데 나 홀로 깨끗하고, 모든 사람이 다 취했는데 나 홀로 깨어 있어서 쫓겨났다."라고 답했다.

그러자 어부는 굴원을 이렇게 몰아갔다. "온 세상이 혼탁하다면 왜 그 흐름을 따라 물결을 타지 않으십니까. 모든 사람이 취해 있다면, 왜 그 지게미를 먹거나 밑술을 마셔 함께 취하지 않으십니까. 어찌하여 아름다운 옥처럼 고결한 뜻을 가졌으면서 스스로 내쫓기는 일을 하셨습니까. "

그렇다고 물러날 굴원도 아니었다. "머리를 감은 사람은 반드시 관의 먼지를 털어서 쓰고, 목욕을 한 사람은 반드시 옷의 티끌을 털어서 입는다고 하였소. 사람이라면 또 누가 자신의 깨끗한 몸에 더러운 때를 묻히려 하겠소. 차라리 강물에 몸을 던져 물고기 배 속에서 장사를 지내는 게 낫지. 또 어찌 깨끗한 몸으로 속세의 더러운 티끌을 뒤집어쓰겠소." 이렇게 말하고 그는 멱라강에 뛰어들어 자살했다.

사마천은 굴원에 대해 "진흙 속에서 뒹굴다 더러워지자 매미가 허물을 벗듯이 씻어 내고, 먼지 쌓인 속세 밖으로 헤쳐 나와 세상의 더러움에 물들지 않았다. 그는 진흙 속에 있으면서도 더러워지지 않은 사람이다. 이러한 그의 지조는 해와 달과 그 빛을 다툴 만하다."라고 극찬했다. 사마천은 불우하게 살다간 굴원에게 한없는 동병상련의 정감을 갖고 그의 문학엔 '원(怨)'과 '분(憤)'이 삭혀진 한의 정서가 깊이 배어 있다고 평했다.

사람은 절망을 겪은 후 깊은 사유를 하고 위대한 작품을 탄생시킨다. 인간이란 과거의 은혜나 온정보다는 원한과 원망을 훨씬 더 뚜렷하게 기억하지 않는가? 대작은 모름지기 이러한 인간 본성의 산물일 경우가 많다. 사마천의 말은 자신이 겪었고 굴원도 겪어야 했던 원망과 울분의 정서는 시속(時俗)에 쉽게 물들지 못하는 여린 마음의 소유자들에 대한 한없는 애정 표현인 셈이다.

하지만 엘리트주의의 한계가 거기에 있으니 어찌하랴. 너무 고결하면 받아 주는 사람이 드문 법. 사람은 때론 진흙도 묻혀 가며 살아야 한다는 것이 춘추 전국 시대의 불문율이었다. 고독한 자의 비애다. 처세는 그래서 어려운 것이다.

> 우물물이 맑아져도 마시지 않으니, 내 마음이 슬프구나. 이 물을 길어 갈 수는 있다. 왕이 현명하면 모든 사람이 그 복을 받는다.(井泄不食, 爲我心惻, 可以汲. 王明, 並受其福.) —「굴원·가생 열전」

■ 굴원 (기원전 343?~기원전 278?)

전국 시대 초나라의 정치가이자 시인이다. 뛰어난 학식으로 회왕의 좌도가 되어 내정뿐 아니라 외교적으로도 활약했고, 나라의 법령을 만들기도 할 정도로 두터운 신임을 받았다. 특히 그는 제나라와 동맹하여 강력한 진나라에 대항해야 한다는 합종파였으나 진나라의 연횡파인 장의와 내통한 정적들의 술책에 의해 추방되어 천하를 주유하다가 유명한 「이소(離騷)」를 남겼으며 「어부사(漁父辭)」도 그의 대표작이다. 특히 「회사부(懷沙賦)」는 그의 절명시라고 볼 수 있다. 그는 멱라수(汨羅水)에 투신자살했다.

주변을 내치면
자신도 버려진다

가족과 스승마저 저버리다

성공의 전제 조건으로 인품을 꼽는 사람들이 있지만, 병법가인 오기를 보면 인품과 성공이 그다지 비례하지 않거나 심지어 별개의 차원에 속하는 것처럼 보인다.

오기는 작은 위(衛)나라 출신으로 병사 다루는 일을 좋아했다. 그러나 고향에서 그에 대한 평은 좋지 않았다. 오기는 자신을 잔인하고 의심이 많다고 비난하는 마을 사람 30여 명을 죽이고, 어머니 앞에서 자신의 팔을 깨물면서 한 나라의 재상이 되기 전에는 돌아오지 않겠다고 맹세했다. 그는 증자(曾子)에게 학문을 배우게 됐는데, 얼마 후 어머니가 별세했다는 통보를 받았지만 고향으로 돌아가지 않았다. 이에 놀란 증자는 사제 관계를 끊어 버린다. 오기는 생존 전략을 위한 병법을 배워 작은 노나라로 가서 군주를 섬기는 기회를 잡는다.

동쪽의 강국 제나라가 노나라를 공격하자 다급해진 노나라 군주는 병법에 능한 오기를 장군으로 임명하려 했다. 그러나 걸림돌이 하나 있었다. 오기의 아내가 제나라 사람이어서 충성은커녕 배신을 할 수도 있다고 주위에서 입방아를 찧어 댄 것이다. 그러자 오기는 망설임 없이 아내를 죽여 버리고 제나라 편이 아님을 분명히 했다. 그리하여 그는 노나라 장군이 돼 병사들을 잘 지휘했고, 제나라를 크게 무찔렀다.

그리고 나서 오기는 서쪽의 위(魏)나라로 가고 싶어 했다. 위나라 문후(文侯)는 곧 오기를 장군으로 삼아 진(秦)나라를 쳐서 성 다섯 개를 함락했다.

사람의 마음을 다루다

처음 오기가 위나라 문후를 찾아 왔을 때 문후는 이극에게 그의 사람됨을 물었다. 이극은 이렇게 대답했다. "오기는 탐욕스럽고 여색을 밝히지만 병사를 다루는 일만큼은 사마양저도 따라갈 수 없을 정도입니다." 좋은 성품이라고는 찾아볼 수 없었던 오기는 어떻게 문후의 신망을 얻은 것일까.

오기는 장수가 되자 신분이 가장 낮은 병사들과 똑같이 옷을 입고 밥을 먹었다. 잠을 잘 때에도 자리를 깔지 못하게 하고, 행군할 때에도 말이나 수레를 타지 않고 자기가 먹을 식량은 직접 가지고 다니는 등 병사들과 함께 고통을 나누었다.

한번은 종기 난 병사가 있는데 오기가 그 병사를 위해 고름을 빨아 주었다. 병사의 어머니가 그 소식을 듣고는 소리 내어 울었다. 어떤 사람이 그 까닭을 물었다.

"장군께서 직접 고름을 빨아 주셨소. 그런데 어찌하여 슬피 소리 내어 우시오?"

그의 어머니는 대답했다.

"예전에 오공(오기)께서 우리 애 아버지의 종기를 빨아 준 적이 있는데 그 사람은 자기 몸을 돌보지 않고 용감히 싸우다가 적진에서 죽고 말았습니다. 오공이 지금 또 제 자식의 종기를 빨아 주었으니 이 아이도 어느 때 어디서 죽게 될지 모릅니다."

병사들을 인간적이고 인격적으로 대우하고 북돋아 줄수록 병력은 더욱 강해진다는 것을 오기는 알고 있었던 것이다. 이극의 눈이 정확했다. 오기는 성품은 나쁠지언정 병사들은 제대로 다룰 줄 알았다.

문후는 이런 오기를 서하(西河) 태수로 삼아 진(秦)나라와 한(韓)나라에 대항하도록 했다. 그러나 오기는 대단한 명성에도 전문(田文)이란 자에게 자리를 내어줬다. 그 후 공숙(公叔)이란 자의 계략에 말려 위나라를 떠나 초나라로 가게 됐다. 초나라의 도왕(悼王)에 의해 재상에 임명된 오기는 법령 정비, 관직 간소화, 왕족들의 봉록 삭감 등의 정책을 건의해 강한 국방력을 구축했다. 초나라가 남쪽으로는 백월(百越)을 평정하고, 북쪽으로는 진(陳)과 채(蔡)를 굴복시켰으며, 삼진(三晉)을 굴리치고 서쪽으로는 신흥 강국으로 떠오르는 진나라마저 공격하자 제후들은 두려움에 떨었다.

그러나 내부의 적이 더 두려운 법. 오기 때문에 자리를 잃게 된 초나라의 왕족과 대신들의 음모에 의해 도왕이 피살되는데, 오기는 도왕의 시신 위에 엎드려 날아오는 화살을 받으며 장렬하게 죽었다. 그의 죽음에 대해 사마천은 각박한 행실 탓으로 돌렸다. 개혁과 성공도 좋지만 주변 관리를 잘하지 않으면 언제든 당할 수 있다는 사실을 명심해야 하지 않겠는가.

사는 일이 각박하고 경쟁에 내몰리다 보니 상대를 경계하고 짓밟고 일어서려 하는 자는 결국 설사 성공을 거둘지라도 일시적인 것에 그치게 된다. 자신도 모르는 사이 주변에 적을 키우게 되어 더 큰 화를 당할 위험성이 늘 도사리는 것이 세상사다. 주위가 잘되어야 나도 도움을 받고 클 수 있는 것이다. 그러기에 리더의 자질로는 추진력 못지않게 포용력이 중요하다. 조직원 모두가 두루 원만히 살아갈 수 있는 방향을 설정하는 것이 리더에게도 이로운 법이다. 독불장군은 존재할 수 없기에 말이다.

> 실천을 잘하는 사람이 꼭 말을 잘하는 것은 아니며, 말을 잘하
> 는 사람이 반드시 실천을 잘하는 것은 아니다.(能行之者未必能言,
> 能言之者未必能行.) —「손자·오기 열전」

■ 오기 (기원전 440~기원전 381)

춘추 시대 병법가로서 손무와 함께 거론되며 오자(吳子)라고도 한다. 위(衛)나라의 부유한 집안 출신으로 젊어서 벼슬에 뜻을 두었으나 성공하지 못하자 출세하기 전에는 고향에 발을 들여 놓지 않겠다고 다짐하고 고향을 떠났다. 노나라로 가 유가인 증자를 스승으로 모시고 유학을 배웠으나 학문 도중에 어머니 장례식에도 참석하지 않아 스승의 내침을 받았다. 노나라 군주의 휘하에 들어갔는데, 마침 제나라가 노나라를 침공하자 그는 장수가 되기 위해 제나라 출신 아내를 죽일 정도의 냉혈한이었다. 그러면서도 그는 부하의 종기를 빨 정도로 사람의 마음을 사로잡는 리더십을 발휘하기도 하였으며 결국 초나라 재상이 되어 개혁을 도모하다가 반대파들의 질투를 받아 죽음을 맞이한다.

통합과 조정의
리더십이 필요할 때

때로는 판단을 유보하라

한나라 무제 때의 일이다. 당시 정국을 주름잡은 두 권력자가 있었으니 문제 황후의 조카인 위기후 두영과 경제 황후의 동생인 무안후 전분이다. 모두 외척으로 최고의 권좌에 오른 인물들이었다. 이 중 나이가 많은 두영은 지는 해나 다름없는 고참이었고, 전분은 떠오르는 신진이었다.

어느 날 두영의 친구인 장군 관부(灌夫)가 고관대작들이 모인 술자리에서 전분에게 대드는 실수를 범했다. 두영을 무시한 한 고관을 관부가 한참 힐책하고 있는데 전분이 그를 두둔하고 나섰기 때문이다. 전분은 키가 작고 못생긴 데다 귀족 자손이라 거만했다. 관부가 한사

코 사과하기를 거부하자 이 일은 무제에 의해 논의에 부쳐졌다. "경들이 판단컨대 어느 쪽에 잘못이 있는 것 같소?"

무제의 말에 지는 해 두영은 관부를 보호하고 있었는데, 소신파인 급암 역시 두영의 손을 들어 주었다. 두영의 추종자였던 정당시(鄭當時)도 우물쭈물거리며 눈치를 보고 있었다. 그사이 누구나 전분의 편이라고 생각했던 한안국이 오히려 양쪽 다 일리가 있고 판단은 무제가 하라고 공을 던지는 것이었다. 중신들의 불분명한 태도에 실망한 무제가 떨치고 일어나 식사하러 가자 논의는 거기서 끝났다.

문제는 전분의 태도였다. 본래 자신이 뇌물을 받고 한안국에게 자리를 준 것이었으니 당연히 자신의 편이 되어 줄 줄 알았던 한안국이 애매한 자세를 취하자 분통을 터뜨렸다. 그러나 한안국은 자신을 나무라는 전분에게 자중하라고 되받아치며 충고했다.

"승상께서는 어찌 자중하지 않습니까? 저 위기후가 승상을 헐뜯으면 승상께서는 관을 벗고 인끈을 풀어 황상께 돌려드리며 '위기후의 말이 다 옳습니다.'라고 말했어야 합니다. 이렇게 한다면 황제께서는 반드시 승상의 겸손한 태도를 칭찬하고 폐하지 않을 것이고, 위기후는 틀림없이 속으로 부끄러워 문을 닫아걸고 혀를 깨물어 자살했을 것입니다. 지금 남이 승상을 헐뜯었다고 하여 승상도 남을 헐뜯으니, 예컨대 장사치의 심부름꾼이나 계집애들의 말다툼과 같습니다. 어찌 그리도 대인의 체통이 없으십니까?"

이렇듯 그는 오히려 전분에게 사과까지 받아 낼 정도로 배짱이 있었다.

자기보다 현명한 자를 추천하는 여유

한번은 한안국이 법을 어겨 벌을 받게 됐다. 이때 몽현(蒙縣)의 옥리 전갑(田甲)이 그를 모욕하자 "불 꺼진 재라고 어찌 다시 타지 않겠는가."라고 했다. 그러자 전갑이 기고만장하게 "그러면 즉시 거기다 오줌을 누겠다."라고 대답했다. 그로부터 얼마 지나지 않아 양나라 내사의 자리가 비었고 한안국이 기용됐다. 죄인에서 2000석의 녹을 받는 고관이 된 것이다.

이에 전갑이 도망치자 한안국이 "돌아오지 않으면 너의 일족을 멸하겠다."라고 겁을 줬다. 전갑이 이 말을 듣고 겁에 질려 돌아와 어깨를 드러내고 사죄했다. 한안국은 웃으며 "오줌을 누라. 너희 같은 무리를 데리고 따질 것이 있겠느냐."라며 모든 것을 묻어 두고 잘 대우해 주었다.

한안국은 본래 양나라 효왕의 사람이었으나 주변 사람들의 갈등을 잘 해소해 주는 처세 능력을 인정받아 나중에 한나라로 특채됐다. 당시 흥성하던 흉노족과 맞서려는 황제를 말려 화친을 이루도록 한 것도 그의 공이었다. 한 무제 때 흉노가 화친을 청해 왔을 때 한나라의 강경파와 온건파 사이에 논의가 분분했다. 이때 어사대부였던 한안국이 화친을 거부하는 강경파 왕회(王恢)에게 반박하면서 나섰다. "우리가 그 땅을 손에 넣더라도 땅을 넓혔다 할 수 없고, 그 백성을 가진다 해도 국력을 강화하는 데 보탬이 안 됩니다. 그래서 상고 때부터 그들을 한나라로 예속시켜 천자의 백성으로 취급하지 않았던 것입니다." 왕회는 흉노에 출정했다가 별 소득도 없이 철수한 경력도 있었다. 결국 온건파의 뜻에 따라 황제는 화친을 맺었다.

한안국은 재물 욕심이 많았고 일찍이 전분에게 뇌물을 주어 관직을 옮기기도 했으나, 한편으로는 자기보다 현명하고 청렴한 인사들을 추천하는 훌륭한 인사 정책을 펼쳤다. 한 무제는 한안국의 재능과 지략이 출중해 나라를 다스리는 승상으로 삼으려 했으나, 공교롭게도 수레에서 떨어져 다리를 저는 것을 보고 그만두었다. 그는 늘 신중한 언행으로 양쪽의 장단점을 날카롭게 지적하고, 소신 있는 행보를 이어 간 인물이었다.

조직을 안정시키고 주위를 편안하게 하는 조정 능력을 갖춘 사람을 현명한 소신파라고 규정한다면, 한안국을 그 으뜸으로 꼽을 수 있을 것이다. 제아무리 원대한 지략과 지모가 있는 자라고 해도 조직의 흐름에 따라 적절한 선을 지켜 가면서 처신해 나가기란 참으로 어려운 법이다. 주위의 평판이 좋고 우러러 받들어지는 인물 중에는 자기 소신을 은근히 보여 주면서 조정력을 발휘하는 자들이 많은 이유다.

강력한 쇠뇌도 끝에 가서는 아주 얇은 노나라의 비단조차도 뚫을 수 없고, 회오리바람도 그 마지막 힘은 가벼운 기러기 털조차 움직일 수 없습니다. 처음부터 강력하지 않은 것이 아니라 끝에 가서 힘이 쇠약해지기 때문입니다.(彊弩之極, 矢不能穿魯縞; 衝風之末, 力不能漂鴻毛. 非初不勁, 末力衰也.) ―「한장유 열전」

■ 한안국 (?~기원전 127)

자가 장유(長儒)이고 양나라 성안현(成安縣) 사람으로, 뒤에 수양(睢陽)으로 옮겨 살았다. 그는 일찍이 추현(騶縣)의 전생(田生)에게서 한비자와 잡가의 학설을 배웠으며, 양나라 효왕을 섬겨 중대부가 되었다. 그는 문무를 겸비한 장수로 협상력도 뛰어나 오초칠국의 난 때 장수가 되어 공을 세우기도 했으며 양 효왕과 한 경제의 관계를 소통시키는 능력도 뛰어났다. 효왕이 죽고 나서도 전분이 그를 다시 한 무제에게 추천하여 어사대부까지 올라 국가의 대사를 처리하기도 했으며 흉노와의 화친 관계를 추진하는 데도 힘을 기울였다. 승상에 오를 뻔하기도 했으나 한 무제와의 관계가 소원해지고 전쟁에 패하여 우울한 일생을 보내다가 피를 토하고 죽었다.

용인

用人

천하를 얻는 자는
먼저 인재를 얻는다

인덕이 재산이다

기나긴 중국 역사를 살펴보면 큰 능력을 지니고 있었음에도 처세에 실패하여 역사적 패배자요 실패한 리더십의 전형으로 남은 사람들이 적지 않다. 반대로 특출한 능력이 없었음에도 처세에 능란하여 최후의 승리를 거머쥔 자도 많다. 그 대표적인 인물이 한 고조 유방이었으니, 처세도 큰 능력임에랴.

명망 있는 가문 출신이었던 항우와는 달리 유방은 술과 여색을 좋아하던 건달로 젊은 시절을 보냈지만 결국 항우를 제치고 황제의 지위에 올랐다. 사마천은 「고조 본기」에서 유방이 태어날 때부터 지니고 있던 신령한 기운으로 젊은이들의 우두머리가 돼 가는 과정을 그리고 있다. 유방의 어머니인 유온은 교룡이 몸 위에 있는 꿈을 꾸고 유방을 낳았는데 그는 용을 닮은 외모에 왼쪽 넓적다리에 검은 점이 일흔두 개 있었다고 한다. 어른이 된 유방은 사수 정장으로 일했는데 늘 왕온(王媼)과 무부(武負)를 따라다니면서 외상으로 술을 마시다가 취하면 아무 데나 드러누웠다. 그럴 때면 왕온과 무부는 유방의 몸 위에 용이 나타나는 것을 보고 기이해했다. 게다가 유방이 술을 마실 때마다 그 주점의 매상이 몇 배씩 뛰니 주점들은 유방의 외상 장부를 찢어 외상 값을 없애 주곤 했다.

한번은 유방이 정장으로서 죄수들을 호송했는데 죄수들이 도중에 하나둘 달아났다. 목적지인 여산에 도착할 때쯤이면 도망치고 남은 죄수가 얼마 안 될 거라 생각한 유방은 죄수들과 함께 술을 마시고는 밤이 되자 그들을 모두 풀어 주었다. 그러자 죄수들 중 따르기를 원하는 장사가 열 명이 넘었다. 그들과 함께 길을 가던 중 누군가가 앞에 큰 뱀이 길을 막고 있다고 두려워하자 유방은 가차 없이 칼을 뽑아 뱀을 죽여 버렸다. 뒷사람이 오다가 뱀이 죽은 자리에 이르자 한 노파가 울고 있었는데 사연인즉 죽은 뱀은 서쪽의 신인 백제(白帝)의 아들었는데 남쪽의 신인 적제(赤帝)의 아들에게 베어졌다는 것이었다. 이런 이야기들이 퍼지자 유방을 따르는 사람들이 날로 늘어났다.

변방 출신의 비문화적 야성미를 지니고 있던 진시황과 사나이다운 호걸의 풍모를 지니고 있었던 항우와 달리 유방은 내세울 게 없었다. 오죽하면 사마천도 기이한 이야기로밖에 그의 남다른 풍모를 보일 수 없었을까. 그러나 별 기반도 없던 유방이 천하를 통일할 수 있게 된

데는 세 가지 장점이 발휘되었다. 첫째, 다른 사람의 마음을 잘 헤아린다는 점, 둘째, 능력 있고 어진 사람을 적재적소에 쓴다는 점, 셋째, 마음을 비우고 간언을 잘 받아들인다는 점이다.

사람을 얻는 재능

역이기는 이곳저곳을 떠돌아 다녀도 영 모실 만한 상대가 없다고 생각하던 차에 유방을 찾아가게 되었다. 마침 두 여자가 유방의 발을 씻어 주고 있던 참이었다. 유방은 역이기가 자신을 알현하러 온다는 소식을 듣고는 일부러 그런 모습을 연출한 것이었다. 역이기도 보통이 아니었다. 유방에게 그저 인사 흉내만 낼 뿐이었다. 그러고는 유방에게 선비를 그렇게 예우해서는 안 된다고 호통을 쳤다. 놀란 유방은 사과하고는 역이기를 상석에 모시니 이로써 그 둘은 천하의 일을 논하게 되었다.

한편 유방은 선견지명을 지닌 책사 장량도 곁에 두게 된다. 신비로운 노인에게서 『태공병법』을 얻은 장량은 자신의 뜻을 받아 줄 왕을 찾고 있었다. 길에서 만난 유방에게 『태공병법』으로 유세했는데, 아무도 그의 말을 이해하지 못했으나 유방만은 그의 말을 잘 들어주고 그 계책을 취하기도 했다. 장량은 "패공(유방)은 아마도 하늘로부터 재능을 이어받았을 것"이라며 자신을 알아준 유방을 따르기 시작한다. 이로써 장량은 한신, 소하와 함께 한나라 창업 3걸이 되었다.

유방은 자신의 부족함을 알았고 주변 충신들의 말을 귀담아 들을 줄 알았다. 항우보다 먼저 진나라 수도 함양에 들어선 유방은 유혹에

흔들렸다. 투항해 온 진나라 왕 자영을 죽이고 여느 승전 장수들처럼 그 궁전에 살며 도성의 여자와 재물을 모두 차지하라는 말들이 흘러 나왔다. 번쾌는 유방에게 궁 밖으로 나갈 것을 간언했으나 이미 눈이 먼 유방은 들으려 하지 않았다. 그때 장량이 번쾌의 말을 거들어 설득 했다.

"'충성스러운 말은 귀에 거슬리지만 행동하는 데는 이롭고, 독한 약 은 입에 쓰지만 병에 이롭다.'라고 했습니다."

그제야 유방은 마음을 추스르고 번쾌와 장량의 진언을 받아들였다. 진나라의 귀한 보물과 재화 창고를 그대로 봉하고 궁전에 머무르지도 않고 회군하여 돌아온 것이다. 이로써 유방은 진나라 사람들의 마음 마저 사로잡을 수 있었다.

한 시대를 풍미한 뛰어난 리더들에게는 자기만의 인재 관리법이 있 다. 유방이 사람을 끌어들일 수 있었던 가장 큰 장점은 상대로 하여금 존중받고 있다는 느낌을 들게 하는 인간적 면모였다. 막강한 권력을 쥐고 있었음에도 힘만을 내세우지 않고 신하들 역시 대등한 인격체임 을 느낄 수 있도록 했다. 유방이 오른 제왕의 자리는 처음부터 주어진 것이 아니었고 자신이 낮은 지위에 있을 때부터 함께 동고동락하며 지낸 신하들의 힘이 절대적이었음을 알았기에 그들을 자기편으로 만 들 최선의 방책이었으리라. 그 차이가 유방은 승자로 항우는 패자로 만든 것이다.

군막 속에서 계책을 짜내 천 리 밖에서 승리를 결판내는 것은 내가 자방(장량)만 못하오. 나라를 어루만지고 백성들을 위로하며 양식을 공급하고 운송 도로를 끊기지 않게 하는 것은 내가 소하만 못하오. 백만 대군을 통솔해 싸우면 어김없이 이기고 공격하면 어김없이 빼앗는 것은 내가 한신만 못하오. 이 세 사람은 모두 빼어난 인재이지만 내가 그들을 임용할 수 있었으니 이것이 내가 천하를 얻을 수 있었던 까닭이오. 항우는 범증 한 사람만 있었으면서도 그를 중용하지 않았으니 이것이 그가 나에게 사로잡힌 까닭이오.(夫運籌策帷帳之中, 決勝於千里之外, 吾不如子房. 鎭國家, 撫百姓, 給餽饟, 不絶糧道, 吾不如蕭何. 連百萬之軍, 戰必勝, 攻必取, 吾不如韓信. 此三者, 皆人也, 吾能用之, 此吾所以取天下也. 項羽有一范增而不能用, 此其所以爲我擒也.) ―「고조 본기」

■ 유방 (기원전 247?~기원전 195)

한나라 초대 황제다. 패현 풍읍 중양리(中陽里) 사람으로 자는 계(季)이다. 아버지는 태공(太公), 어머니는 유온(劉媼)이라고 한다. 유협들과 어울리면서 재야에서 대담한 성격과 친화력으로 세력을 확장하다가 진나라 말 진승과 오광의 반란의 틈바구니 속에서 군사를 일으켜 항우와 천하의 패권을 다투었다. 항우보다 앞서 진왕 자영의 항복을 받아 낸 뒤 진나라의 가혹한 법을 없애고 약법삼장(約法三章)이란 말로 법령을 간소화하여 소통의 리더십을 발휘했다. 그는 12년여 동안 재위하다가 62세에 세상을 떠났는데, 자식은 여덟 명이었다.

인재에 대한
투자야말로 영원하다

자초를 단번에 알아본 안목

큰 상인, 진시황의 아버지, 상국의 지위까지 오른 정치가. 이렇듯 여불위는 다양한 면모로 기억되는 인물이다. 또한 반고가 여불위의『여씨춘추』를 잡가류로 분류한 뒤, 여불위는 잡가를 대표하는 사상가로 여겨지기도 했다. 여불위가 여러 사람의 사상을 널리 받아들이고 특히 초기의 도가 사상을 근본으로 각 사상의 장점을 취사선택하여 황로 사상을 형성했기 때문이다. 따라서 여불위를 신도가(新道家)라고 부르는 것은 결코 틀린 말이 아니다. 황로 사상에 심취한 사마천이 여불위를 중시한 것도 당연하다. 사마천은 천지, 만물, 고금의 일에 관한 모든 것이『여씨춘추』에 갖추어져 있다고 볼 정도로 여불위를 높이 평가했다.

『사기』 중에서도 가장 흥미진진한 편명으로 손꼽히는 「여불위 열전」에 따르면 여불위는 한(韓)나라 출신의 상인으로 여러 곳을 오가면서 물건을 싸게 사들여 비싸게 되팔아 천금이나 되는 돈을 모은 사람이다. 유달리 사람을 좋아한 그는 인재에 대한 투자야말로 영원하다고 믿었다.

여불위가 활동한 시기에 진(秦)나라의 후계 구도는 이랬다. 진나라 소왕(昭王)의 태자가 죽고 안국군(安國君)이라는 둘째 아들이 자리를 이어받아 효문왕이 됐다. 안국군에게도 아들이 20여 명이나 있었는데 정부인인 화양부인(華陽夫人)에게는 아들이 없었고 총애받지 못한 하희(夏姬)란 첩실에게서 태어난 자초(子楚)가 조(趙)나라에 볼모로 가 있었다. 자초는 재물도 없었고 이렇다 할 인맥도 없어 실의에 빠진 나날을 보내고 있었다.

여불위가 조나라 수도 한단에 물건을 사러갔다가 자초를 보더니 "이 진귀한 재물은 사둘 만하다.(奇貨可居)"라며 그에게 가문을 크게 만들어 줄 수 있다고 말했다. 그러자 자초는 웃으면서 "먼저 당신 가문을 크게 만든 뒤에 내 가문을 크게 만들어 주시오."라고 비꼬았다. 여불위는 "당신이 모르는 모양인데, 제 가문은 당신 가문에 기대어 커질 것입니다."라고 응수했다.

그러고는 여불위는 자초에게 500금이나 되는 거금을 사람 사귀는 비용으로 주고, 자신은 500금으로 진기한 물건과 노리개를 사 서쪽 진나라의 화양부인을 만나러 떠난다. 화양부인에게 선물을 모두 바쳐 마음을 사로잡은 여불위는 자초를 추천한다. 또 화양부인의 언니를 부추겨 화양부인이 자초를 양자로 삼아 후사를 이어받게 했다.

화양부인 역시 손해 볼 것이 없다고 여기고 한가한 틈을 타 안국군에게 자초를 후사 자리에 세워 달라고 눈물로 호소하니 안국군은 자초에게 많은 물품을 보내고, 여불위에게는 잘 보살피도록 부탁까지 했다. 결국 진나라의 태자가 된 자초는 제후국에 이름을 떨치게 됐다.

사람을 주어 미래에 보험을 들다

여불위는 여기서 멈추지 않았다. 자신의 입지를 굳히기 위해서는 좀 더 확실한 대비가 필요했다. 그는 한 부호의 딸을 첩으로 삼았다. 어느 날 자초를 집으로 초대해 술을 마시고 있었는데 자초가 그녀를 보더니 한눈에 반해 달라고 했다. 마침 그녀는 여불위의 아이를 배고 있었다. 여불위는 속으로 치미는 화를 가라앉히고 자초에게 그녀를 바쳤다. 그러고는 그녀에게 절대 임신한 사실을 입 밖에 내지 말도록 했다. 그렇게 해서 낳은 아이가 정(政)이었다. 자초는 기쁜 마음에 그녀를 부인으로 세웠고, 여불위는 속으로 쾌재를 불렀다.

그러던 중 진나라 소왕이 눈엣가시인 조나라를 공격했다. 조나라는 볼모로 와 있던 진나라 왕자 자초를 죽이려고 했다. 그러자 다시 여불위가 500금으로 관리를 매수하여 자초의 부인과 아들 정은 남겨 두고 자초와 함께 진나라로 빠져나갔다. 조나라는 부호의 딸인 자초의 부인을 함부로 죽일 수도 없었다. 그로부터 6년 후 소왕이 죽고 안국군이 왕위에 올랐다. 자초가 태자가 되자 자초의 부인과 정도 함께 진나라로 돌아올 수 있게 됐다.

안국군이 1년 만에 죽고 자초가 왕이 됐으니 바로 장양왕이다. 그런데 장양왕도 3년 만에 죽자 아들 정이 13세의 나이로 왕위에 올랐으니 바로 그가 후에 스스로 황제라 칭한 진시황인 것이다. 이때부터 여불위는 상국, 즉 재상이 되고 중보(仲父)라고 불리면서 아버지에 준하는 예우를 받는다. 그런데 문제는 그다음부터다.

여불위가 나이 어린 진왕 정 몰래 사사로이 태후와 정을 통했다. 진왕이 성년이 돼도 둘의 애정 행각은 그칠 줄 몰랐다. 점점 발각될 것이 두려워진 여불위는 음경이 큰 노애를 찾아 집안일 거드는 자리를 주고는 음탕한 음악을 연주하며 그의 음경에 오동나무 수레바퀴를 달아 걸게 해 음란한 태후의 마음을 흔들어 놓았다. 작전은 성공이었다. 태후가 노애를 갖고 싶어 하자 여불위는 노애를 그녀에게 바치면서 거짓으로 성기를 제거하는 부죄(腐罪)를 받게 해 환관으로 만들어 태후가 곁에 두고 마음껏 즐기도록 했다. 태후는 마다하지 않았다. 둘 사이에 아들을 둘이나 낳았다. 여불위는 다시 그녀와 모략을 꾸며 진왕이 죽으면 뒤를 잇게 하자고 했다.

마침내 모든 것을 알게 된 진왕 정은 여불위를 관직에서 내쫓았다. 그런데도 부와 권력을 손에 쥔 여불위의 집은 방문객들로 문전성시를 이루는 것이 아닌가. 그것이 화근이었다. 결국 진왕 정은 여불위에게 편지를 보냈고 여불위는 그 편지로 자신의 죄를 알고는 독주를 마시고 자살했다.

여불위의 죽음은 어찌 보면 당연한 귀결이지만, 그가 첩의 아들인 장양왕과 진시황의 잠재력을 알아보고 키워 낸 것은 지금 보더라도 새롭다. 애첩의 임신 사실마저도 숨기면서 자신의 입신양명을 위해 모든 것을 내던지고 다시 훗날 시황제의 생모와 음행을 저지른 그의 행동에 혹자는 돌을 던질 수도 있겠다. 그러나 그가 남긴 기화가거(奇貨可居), 인재는 반드시 곁에 두어야 한다는 명제는 지금 이 순간까지도 여전히 빛을 발하고 있다.

■ 여불위 (?~기원전 235)

잡가 사상의 대표 인물로서 진나라 승상이 되었으며 정치가, 사상가로 이름을 날렸다. 그는 장양왕 때 승상이 되고 다시 상국이 되었다가 진시황의 생모인 하희와의 간통 사건에 연루되어 자살한다. 그의 식객이 3000명이나 될 정도로 신망을 얻었으며 "한 글자가 천금의 가치가 있다.(一字千金)"라는 말처럼 단 한 글자도 고칠 것이 없다는 책『여씨춘추(呂氏春秋)』를 편찬하기도 했다.

곁에 누굴 두느냐에
조직의 운명이 갈린다

유방의 천도 계획 막은 현실주의자

권력을 쥐면 판단은 흐려지고 능력은 등 뒤로 숨어 버리고 오만의 그림자만 드리워지게 마련이다. 하여 인간이 눈앞의 욕망에 사로잡히면 대사를 그르치게 된다. 적어도 천하를 다스리는 자는 사사로운 명분에 휘둘리지 말고 냉철하게 사리를 판단해야 한다. 그러나 항우와의 전쟁에서 승리하여 한나라를 세운 유방도 권력의 마수에서 예외가 아니었다.

한나라의 설립자 유방이 제국을 건설하면서 가장 고민한 문제는 수도 이전 문제였다. 제국의 도읍을 정하는 과제를 놓고 그는 고심에 잠겼다. 그러다 주나라 수도였던 낙양(洛陽)을 떠올렸다. 아직도 천자의 나라 이미지를 고스란히 간직하고 있어 과거의 찬란했던 주 문화를 이어받을 수 있다는 확신이 들었다.

유방은 수도를 옮기는 일에 착수했다. 일은 순조롭게 진행되는 듯했다. 그런데 제나라 포로 출신 유경이 낙양을 지나다 이 소문을 듣고는 진언했다. "폐하께서 낙양에 도읍을 정하신 것은 혹시 주나라 왕실과 융성함을 다투려는 것입니까?" 유방이 그렇다고 말하자 유경은 그렇게 해서는 안 되는 이유를 조목조목 설명했다. 그는 주나라의 탄생 과정을 얘기하면서 주나라야말로 은나라를 무너뜨리고 등장했다는 사실을 일깨웠다. 은나라 말기의 주왕(紂王)은 폭군 중의 폭군으로 자기 눈 밖에 나면 신하든 제후든 가리지 않고 소금에 절여 죽이고, 심지어 포를 떠서 죽일 정도로 포악했다.

그때까지 주나라의 힘은 미약했으나 요임금 때부터 10대에 걸쳐 선정을 쌓은 덕분에 문왕 대로 내려오면 따르는 자들이 많았다. 아들 무왕이 즉위해 은나라 주왕을 칠 때는 맹진(孟津)에 모인 제후만 800여 명에 이를 정도였다. 그들은 한결같이 주왕을 끌어내야 한다고 말했고, 마침내 은나라를 멸망시켰다.

이후 주나라 성왕이 즉위하면서 낙읍(낙양)에 도성을 세웠는데, 유경은 지금의 상황이 당시 주나라의 상황과 전혀 다른 역사적 맥락에 있다고 본 것이다. 유방이 1000여 년 중원의 수도였던 낙양에 매료된 것은 그 역시 성왕과 같은 모습으로 폼 나게 정치하고픈 마음을 먹고 있었기 때문이다. 그러나 시대와 환경 변화를 고려하지 않은 그의 오판이 남길 커다란 후환을 유경은 정확하게 꿰뚫어 보고 있었던 것이다.

유경은 진나라의 수도였던 함곡관을 수도로 권했다. 사방이 산으로 에워싸여 있고, 하수가 띠처럼 흐르고 있으며, 사면의 요새가 나라를 튼튼하게 지키고 있어 안전하다는 것이었다. 유경이 단호한 어조로 "폐하께서 함곡관으로 들어가 도읍을 정하고 진나라의 옛 땅을 차지하는 것이 바로 천하의 목을 조르고 그 등을 치는 일입니다."라고 아뢰었다. 유방은 고심을 거듭하다가 결국 유경의 말을 들었다. 그리고는 그의 공을 치하해 낭중으로 삼고 봉춘군(奉春君)이라고 불렀다.

유경의 논지는 사람이란 자신이 걸어온 역정을 거울 삼아 미래의 계획을 세워야 한다는 것이다. 말 위에서 천하를 얻은 유방에게 필요한 것은 거창한 수도 이전 계획보다는 제국의 초석을 닦아 자손에게 잘 물려주는 것이었다. 게다가 자신도 수많은 정적으로부터 보호해야 하는 이중의 일을 처리해야 했다. 그런 유방에게 허울뿐인 낙양은 자칫 치명상을 남길 수도 있었다.

타고난 뚝심으로 오해를 풀다

오해도 있었다. 유방은 한왕(韓王) 신(信)이 모반하고 흉노와 손을 잡자 흉노를 공격하기 위해 10명의 사신을 보내 정황을 탐색하도록 했다. 사신들은 한결같이 흉노의 전력이 형편없다고 보고했다. 그러나 유경만은 흉노의 전력이 위장된 것이라고 했다.

"두 나라가 싸우려 할 때는 상대편에게 자신들의 장점을 과장하여 보이는 것이 당연합니다. 그런데 신은 흉노에 가서 여위고 비쩍 마른 가축과 늙고 약한 병사들만을 보았습니다. 이는 틀림없이 자기들의 단점을 보여 주고 기병을 숨겨 두었다가 승리를 얻으려는 것입니다. 신의 어리석은 생각으로는 흉노를 치면 안 됩니다.”

이 무렵 한나라 군대 20만 명은 이미 구주산(句注山)을 넘고 있었다. 고조는 노하여 “제나라 포로 놈이 입만 살아서 혀를 놀린다.”라며 유경을 꾸짖었다. 그러고는 그에게 칼을 씌워 광무현에 가두고 계속 진군했다. 그러나 유경의 판단은 틀리지 않았다. 매복한 흉노 기병은 백등산(白登山)에서 고조를 에워쌌다가 이레 뒤에야 포위를 풀어 주어 돌아가게 했기 때문이다.

구사일생으로 살아난 유방은 그때서야 유경의 진가를 다시 한번 깨닫고 앞서 갔던 사신들의 목을 모두 베어 버렸다. 유경에게는 식읍 2000호를 내려 관내후(關內侯)로 삼고 건신후(建信侯)라 불렀다.

천하는 늘 안정과 위기가 공존한다. 누구든 언제든 이에 대비해야 하는데 권력에 취해 판단을 그르칠 때 곁에 누가 있는가 하는 점이 중요하다. 간신이 있는가 아니면 충신이 있는가 하는 점이 그 조직의 운명을 바꾸는 법이다. 세상은 어느 한 사람의 힘에 의해 이루어지지 않는다는 원칙은 여전히 통용되는 불변의 진리다. 과거의 역사도 그러했고 지금의 현실도 이런 원칙에서 그리 멀리 있지 않다.

천금의 갖옷은 여우 한 마리의 겨드랑이 털만으로 만들어진 것이 아니고, 높은 누대의 서까래는 한 그루의 나뭇가지만으로 만들어진 것이 아니며, 하·은·주 삼대의 성대함은 선비 한 명의 지혜로 이루어진 것이 아니다.(千金之裘, 非一狐之腋也; 臺榭之榱, 非一木之枝也; 三代之際, 非一士之智也.) ―「유경·숙손통 열전」

■ 유경 (?~?)

제나라 출신으로 한나라 건국 초기 제국의 안정과 제도 확립에 기여한 인물이다. 고조가 천하를 통일하자 그는 양가죽 옷을 입은 채 유방을 만나 고조에게 도읍의 철학을 개진하여 설복시킨 뒤 누경(婁敬)이란 본명 대신 유씨 성을 하사받고 한나라의 기초를 닦는 중신이 되었는데, 그는 늘 소신과 명분이 투철한 유학자의 모습도 간직하고 있었다.

인재는 리더가
만드는 것이다

한결같이 손님을 대우하다

급변하는 정세는 역설적으로 뛰어난 인물들이 생각의 나래를 펼칠 더 넓은 공간을 마련해 주는 경우가 적지 않다. 『전국책(戰國策)』에 나오는 '백락일고(伯樂一顧)', 즉 백락이 한번 돌아본다는 성어는 세상에 제아무리 훌륭한 인물이 있어도 그것을 알아보는 통찰력이 없으면 아무런 소용이 없음을 알려 준다.

맹상군은 제나라 종실 대신 전영(田嬰)의 서출이다. 맹상군이 어느 날 후궁들이 아름다운 비단옷을 질질 끌고 다니고, 선비들은 변변한 바지 하나 제대로 걸치지 못하도록 냉대하는 것을 보고 아버지를 찾아가 비판하며 지식인을 예우해야 한다고 강조했다. 그는 "장수의 가문에는 반드시 장수가 있고, 재상의 가문에는 반드시 재상이 있다.(將門必有將, 相門必有相.)”(「맹상군 열전」)라며 엄청난 재물을 인재 양성에 쏟아 식객을 3000명이나 거느릴 정도였다. 식객 중에는 닭 울음소리를 내거나 개 짖는 소리를 내는 자들도 있었으니, 세상 모든 유형의 사람들이 있었던 것이다.

천하의 인재를 모으는 데 온 힘을 기울인 맹상군에게 선비들이 구름처럼 몰린 이유는 단 하나였다. 편견 없이 대하고 자신과 차등을 두지 않는다는 것이다. 그는 신분상의 귀하고 천함을 가리지 않고 한결같이 자신과 똑같은 대우를 해 주었다.

하루는 맹상군이 손님과 이야기를 나누고 밤참을 대접하고 있었다. 그런데 누군가 불빛을 가린 탓에 방안이 어두웠다. 손님은 자신의 음식이 맹상군의 것과 다른 것을 감추기 위하여 일부러 어둡게 한 것이라고 짐작하고 기분이 상해서 먹지 않고 돌아가려고 했다. 맹상군이 일어서서 몸소 자신의 밥그릇을 들어 손님의 것과 비교해 보이자 손님은 부끄러워 스스로 목숨을 끊었다.

쓸모없는 사람은 없다

맹상군의 사람됨은 서쪽의 강국 진(秦)나라에도 알려졌다. 소왕(昭王)이 맹상군을 손에 넣으려고 자신의 아우(경양군)와 맞바꾸자는 제안을 할 정도였다. 맹상군이 진나라로 가려고 했지만 호랑이나 이리 같은 진나라에 이용되지 말라는 소대(소진의 동생)의 충고를 받아들여 가지 않기로 했다. 그러나 시간이 흘러 다시 맹상군을 보낼 것을 요청

하자 제나라 민왕은 그에게 여우 겨드랑이의 흰 털로 만든 가죽옷을
가지고 진나라로 가도록 했다.

소왕이 즉시 맹상군을 진나라 재상으로 삼으려 하자 측근들이 '그
는 제나라 이익을 먼저 생각할 것'이라며 반대했다. 소왕은 생각을 바
꿔 그를 가두고 계략을 짜 죽이려 했다. 이에 맹상군은 사람을 시켜
소왕이 아끼는 첩에게 풀어 줄 것을 청하도록 했다. 소왕의 첩은 이렇
게 말했다. "저는 맹상군이 가지고 있는 여우 겨드랑이의 흰 털로 만
든 가죽옷을 갖고 싶습니다."

여우 겨드랑이의 흰 털로 만든 가죽옷은 그 값이 천금이나 되고 천
하에 둘도 없는 것이었다. 그러나 이것은 진나라에 와서 소왕에게 이
미 바쳤고 또 다른 옷은 없었다. 고민에 빠진 맹상군은 자신의 식객들
에게 대책을 물었지만 시원한 대답을 하는 이가 없었다. 그런데 맨 아
랫자리에 앉아 있는 사람 중에 개 흉내를 내 좀도둑질을 하는 자가 슬
며시 일어나 자신이 여우 가죽옷을 구해 올 수 있다고 했다.

밤이 깊어지자 그는 개 흉내를 내 진나라 궁궐 창고 속으로 들어가
서는 소왕에게 바쳤던 여우 가죽옷을 훔쳐 돌아왔다. 맹상군은 이것
을 진나라 소왕의 첩에게 바쳤다. 소왕의 첩이 맹상군을 풀어달라고
소왕에게 간청하자 맹상군은 풀려나게 됐다.

맹상군은 즉시 말을 몰아 제나라로 내달렸다. 국경 통행증을 위조하
고 이름과 성을 바꾸어 빠져 나오려고 했다. 모든 것이 순조로웠으나
한밤중 함곡관에 다다랐을 때 문제가 발생했다.

그의 뒤로 진나라 소왕이 보낸 자들이 말을 타고 달려오고 있었는

터, 밤중이라 문이 굳게 닫혀 있었다. 함곡관까지 왔지만 국경의 법으로는 첫닭이 울어야 객들을 내보내게 돼 있었다.

맹상군은 뒤쫓아 오는 자들이 닥칠까 봐 어쩔 줄을 몰랐다. 그런데 이번에도 그의 식객 중 가장 말석에 앉아 있던 자가 일어나 닭울음소리를 흉내 내자 근처의 닭들이 다 같이 울었고 성문이 열렸다. 맹상군은 재빨리 통행증을 보이고 함곡관을 빠져 나왔다.

사마천은 말했다. "처음 맹상군이 이 두 사람을 빈객으로 삼았을 때, 다른 빈객들은 모두들 같은 자리에 앉는 것을 부끄러워했다. 그런데 맹상군이 진나라에서 곤경에 처했을 때, 이 두 사람이 그를 구한 것이다. 그 뒤 빈객들은 너나 할 것 없이 마음속 깊이 맹상군을 따르게 되었다."(「맹상군 열전」)

개똥도 약에 쓰려고 하면 없는 법이다. 인재란 탁월한 능력을 갖춘 인물이어야 하겠지만 우리 사회에는 남의 눈에는 별 볼 일 없어 보이는 사람도 맡은 일에 충실한 경우가 많다. 다만 그런 인재를 발굴해 적재적소에서 일할 자리를 만들어 주는 것은 리더의 몫이다. 주머니 속의 송곳(囊中之錐)이란 말도 있듯이, 무슨 재주건 언젠가는 빛을 보게 된다. 세상도 넓고 인재도 많지 않은가.

■ 맹상군 (?~기원전 279?)

전국 시대 말기의 정치인으로 제나라 출신으로 이름이 문(文)이고 성은 전(田)이다. 그 아버지는 제나라 선왕(宣王)의 배다른 동생인 정곽군(靖郭君) 전영의 아들로 태어났으나, 5월 5일에 태어난 아이는 그 부모를 해치게 된다는 속설로 몰래 키워졌다고 한다. 조나라 평원군 조승(趙勝), 위나라 신릉군 무기(無忌), 초나라 춘신군 황헐(黃歇) 등과 더불어 인재 양성에 힘을 많이 쏟은 '전국 사공자(戰國四公子)' 중의 한 명이다. 진나라 소왕에게 초빙되어 죽을 고비도 있었으나 살아남았고, 제나라 민왕의 견제를 받기도 했다. 위나라의 재상이 되어 다른 나라와 연합군을 결성하여 민왕을 몰아내기도 하는 등 많은 공을 세웠다.

인정받는 만큼 해낸다

자신의 진가를 알아준 주군을 만나다

춘추 전국 시대는 오로지 생존을 위해 명분보다는 실리를 꾀했고, 의리보다는 이익을 꾀했던 시대였다. 오늘이 가고 내일이 오면 친구가 적이 되고 신하가 군주를 시해하는 일도 일상적인 일이었다. 그러기에 인의와 도덕을 주창한 유가의 입지는 좁아지고 병가나 묵가, 법가 등의 사상이 날개를 달았다. 이런 시대적 분위기에서도 예외는 늘 존재했다. 자신을 알아준 주군을 위해 그의 원수를 갚고자 자신의 목숨을 내던진 이의 이야기를 거슬러 가 보자.

예양은 진(晉)나라 사람으로 범씨(范氏)와 중항씨(中行氏)를 섬긴 일이 있지만 이 두 사람은 그를 그다지 예우하지 않았다. 마음이 상한 예양은 그들을 떠나 지백(智伯)이란 자를 섬기게 됐다. 지백은 진나라 육경의 한 명으로 세력이 강성하고 교만한 성품이었으나 예양은 극진히 예우했다.

지백이 범씨와 중항씨를 제거하고 조양자(趙襄子)를 공격했는데, 오히려 한나라·위나라와 연합한 조양자에게 패해 땅은 셋으로 공중 분해되고 후손까지 끊어졌다. 이 정도로 분이 풀리지 않은 조양자는 지백의 두개골에 옻칠을 해서 술잔으로 쓰며 설움을 분풀이했다.

이 와중에 살아남은 예양은 자신의 진가를 알아준 지백을 위해 원수를 갚아 영혼이 부끄럽지 않게 하겠노라고 다짐하며 산속으로 달아나 방법을 생각해 냈다. 그는 성과 이름을 바꾸고 죄를 저질러 죄수의 몸으로 궁궐로 들어가 화장실의 벽 바르는 일을 하기로 마음먹었다. 비수를 품고 있다가 조양자를 찔러 죽이려는 생각이었다.

그런데 조양자도 보통이 아니었다. 자신을 암살하려는 자가 있다는 첩보를 입수하고 내막을 알아보니 바로 예양이 몸에 비수를 품고 자신을 죽일 기회를 노린다는 것이었다. 그를 붙잡아 오게 해 문초하자 예양은 죽은 주군의 원수를 갚기 위해 그랬다고 서슴없이 말했다. 주위에 있던 자들이 그의 목을 베려고 하자 조양자는 "그는 의로운 사람이다. 내가 조심하여 피하면 그만이다. 게다가 지백이 죽고 그 뒤를 이을 자식조차 없는데 그의 옛 신하로서 주인을 위해 원수를 갚으려 하였으니, 이 사람이야말로 천하의 현인이다."라고 하면서 풀어 주었다.

알아준 사람을 위해 죽다

예양은 얼마 뒤 몸에 옻칠을 한 문둥이로 분장하고 숯가루를 먹어 목소리까지 바꾸어 아무도 알아볼 수 없게 한 채 시장을 돌아다니며 구걸했다. 그의 아내도 알아보지 못할 정도였다. 어느 날 예양이 오랜 친구를 찾아가니 그 친구만은 예양을 알아보고는 아까운 재능을 썩히지 말고 조양자의 신하가 된다면 분명 대우를 받을 것이라며 정 그를 죽이고자 한다면 그때 가서 해도 늦지 않을 텐데 왜 이런 추한 모습으로 돌아다니느냐고 충고했다. 그러나 예양은 친구의 말을 들은 체도 하지 않고 이렇게 반박했다.

'예물을 바치고 남의 신하가 되어 섬기면서 그 사람을 죽이려고 하는 것은 두 마음을 품고 자기 주인을 섬기는 것일세. 지금 내가 하는 일은 매우 어렵네! 그러나 이렇게 하는 까닭은 천하 후세에 남의 신하가 되어 두 마음을 품고 주인을 섬기는 자들이 부끄러움을 느끼도록 하려는 것일세."

얼마 뒤 조양자가 측근들의 삼엄한 호위를 받으며 외출해 다리를 건너려 할 때 말이 갑자기 놀랐다. 그러자 본능적으로 예양이란 자가 다리 밑에 숨어 있을 것이라고 추측했다. 아니나 다를까, 아랫사람들을 시켜 찾도록 하니 숨어 있던 예양이 나타났다.

조양자는 예양을 호되게 꾸짖으며 "왜 범씨와 중항씨를 섬겼다가 지백에게 몸을 맡기고, 또 지백이 그들을 멸망시킬 때는 가만히 있더니 죽은 지백을 위해서는 이토록 끈질기게 원수를 갚으려고 하느냐?"라고 물었다.

예양은 "범씨와 중항씨를 섬긴 일이 있는 것은 사실이지만 두 사람이 나를 보통 사람으로 대접했으므로 나도 그에 맞게 처신했다. 그러나 지백은 나를 한 나라의 걸출한 선비로 예우했기 때문에 그에 보답하기 위한 것이다."라고 말했다. 조양자는 예양의 진심을 알았으니 더 이상 용서해 주는 일은 의미가 없다고 생각하고 병사들에게 그를 포위하게 했다.

그러자 예양은 자신이 지난번 암살하려 했을 때 용서해 준 일에 감사하면서 조양자의 옷이라도 칼로 베어 원수를 갚으려는 뜻을 이루게 해 주면 죽어도 여한이 없겠다고 말했다. 이 말을 들은 조양자는 그의 의로운 기상에 크게 감탄하고는 사람을 시켜 자기 옷을 예양에게 가져다주도록 했다. 예양은 칼을 뽑아 세 번을 뛰어올라 그 옷을 베어버리고는 칼에 엎어져 스스로 목숨을 끊었다.

그가 죽던 날 "조나라의 뜻 있는 선비들이 이 소식을 전해 듣고 모두 그를 위해 눈물을 흘렸다."라고 사마천은 기록하고 있다. "선비는 자기를 알아주는 이를 위해 죽는다."라고 했던 그의 말은 2500년이 지난 지금까지도 긴 여운으로 남아 있다.

예양을 단순한 자객으로 각인시키는 것은 어불성설이다. 냉철하게 그의 삶을 성찰해 본다면, 그는 의인의 자격을 갖추고 있다. 그러나 더 중요한 것은 그의 가치를 평가한 지백이란 주군이 있었기에 그가 그토록 목숨을 걸고 원수를 갚기 위해 나선 것이 아닌가? 적어도 어떤 조직이든 이런 충신 한두 명씩은 길러야만 한다. 그 시발점은 바로 존재 가치를 먼저 인정해 주는 것이다.

■ 예양 (?~?)

전국 시대 진(晉)나라의 의인으로 추앙받는 자객이다. 그는 원래는 진나라의 경(卿)이었던 범씨와 중항씨를 섬겼다가 다시 지백(이름은 요(瑤))의 신하가 되어 그의 두터운 신임을 받았다. 그런 주군이 조양자라는 자에게 죽음을 당하자 보복을 위해 노력하다가 실패하자 조양자 앞에서 스스로 목숨을 끊는다.

의리에 죽고 의리에 살다

친구를 위해 목숨을 무릅쓰다

인생을 살아가면서 든든한 버팀목이 될 수 있는 진정한 친구를 갖는 것은 엄청난 행운이 아닐 수 없다. 특히 힘겨운 상황에서 누군가 자신을 이해해 주며, 나아가 자신의 야망을 실현할 수 있는 용기를 불어넣어 주는 친구를 얻게 된다면 이미 삶은 훨씬 더 의미 있는 방향으로 나아가리라.

난포는 양나라 사람으로 훗날 양나라 왕이 된 팽월이 평민이었을 때 서로 교유했다. 둘 다 가난해 제나라의 어느 술집에서 머슴살이 노릇을 하기도 하면서 돈독한 관계를 유지했다.

몇 년 뒤 야심만만한 팽월은 드넓은 벌판에서 도적 노릇을 했다. 이

와중에 난포는 누군지도 모르는 사람에게 납치돼 연나라로 팔려가 종이 됐다. 난포는 주인을 극진히 섬겼다. 주인을 위해 원수를 갚아 주기도 했다. 난포의 의로운 행동을 눈여겨본 연나라 장수 장도(臧茶)라는 자가 그를 도위로 발탁했다. 장도가 연나라 왕이 되자 난포는 장수로 승진했다. 그런데 장도가 모반을 일으키자 한나라 고조는 연나라를 치고 난포도 사로잡았다.

갖은 난관을 딛고 양나라 왕이 된 팽월은 이 소식을 듣고 자신과 각별하게 지내던 난포를 위해 고조에게 부탁해 난포의 죗값을 돈으로 치르고 양나라의 대부로 삼았다. 난포가 팽월의 사신으로 제나라에 갔을 때 한나라 조정에서는 모반을 꾀했다는 죄목으로 팽월을 죽이고 삼족마저 멸했다. 이런 사실을 알지 못한 난포가 돌아와 보니 팽월의 머리가 낙양의 성문에 매달려 있었고 다음과 같은 섬뜩한 조서가 내려져 있었다. "감히 그의 수급을 거두어 돌보는 자가 있으면 체포하라."

모두들 두려워했지만 난포는 팽월의 수급 앞에서 사신으로 갔던 사단을 아뢰고 제사를 지내며 통곡했다. 결국 그는 체포됐다. 담당 관리가 자초지종을 고조에게 아뢰자 고조는 직접 영을 내렸다. "내가 그놈의 머리를 거두지 못하도록 했거늘 네놈만이 제사를 지내 주고 통곡하니 팽월과 함께 모반한 것이 분명하다. 저놈을 빨리 삶아 죽여라."

담당 관리가 난포를 끓는 물로 데려가려는데, 난포가 뒤돌아보며 한마디만 하고 죽겠다고 간청했다.

"폐하께서 팽성에서 곤경에 처하고 형양현과 성고읍 사이에서 패하셨을 때 항왕이 서쪽으로 나아갈 수 없었던 것은 팽왕이 양나라 땅을 지키면서 한나라와 힘을 합쳐 초나라를 괴롭혔기 때문입니다. 그때 팽왕이 한쪽으로 치우쳐 초나라 편을 들었다면 한나라가 깨졌을 것이고, 한나라 편을 들었다면 초나라가 깨졌을 것입니다. 또 해하의 싸움에서도 팽왕이 참가하지 않았다면 항우를 멸망시키지 못했을 것입니다. 천하가 평정된 뒤 팽왕은 부절을 나누어 받고 봉토를 받았으며, 이것을 자손 대대로 전하려고 했습니다. 그런데 이제 폐하께서는 양나라에서 한 차례 군대를 모을 때 팽왕이 병들어 나가지 못하자 모반했다고 의심했습니다. 그 증거도 드러나지 않았는데 아주 작은 안건을 가지고 가혹하게 그를 죽이고 가족까지 멸하셨습니다. 신은 공신들 스스로 위험을 느껴 떨까 염려스럽습니다. 이제 팽왕이 이미 죽었으니 신은 사는 것보다 죽는 것이 차라리 낫습니다. 삶아 죽이십시오.”

간단히 말하면 자신이 본 팽왕은 결코 모반을 저지르지 않았고 억울한 죽음을 당했다는 얘기였다. 고조의 가혹함 때문에 그 누구도 말을 꺼내지도 못한 금기를 난포가 건드린 것이다.

뜻밖에도 고조는 그의 진심을 알아주고 도위라는 벼슬을 내렸다. 난포는 승승장구해 문제 때에는 연나라 재상이 되고 다시 장군에 올랐다.

삶의 원칙에 충실하다

난포는 이런 말을 남기기도 했다. “힘들 때 치욕을 참지 못하면 사람 구실을 할 수 없고, 부귀할 때 뜻대로 하지 못하면 현명하다고 할 수 없다.” 그러면서 그는 자기에게 은혜를 베푼 사람들에게는 후하게 보답했고, 원한이 있는 사람들은 반드시 법에 근거하여 파멸시켰다.

이후 오나라와 초나라가 반란을 일으켰을 때 그는 군공을 세워 유후(俞侯)로 봉해지고, 또 연나라 재상이 되었다. 연나라와 제나라에서는 모두 난포를 위하여 사당을 세우고 난공사(欒公社)라고 했다.

기개와 용기, 담대함을 지닌 난포는 자신의 아들에게 작위를 물려주고 세상을 떠났다. 사마천은 논평에서 "난포는 팽월을 위하여 통곡하고 끓는 물속으로 들어가는 것을 마치 제 집으로 돌아가는 것처럼 하였으니, 이것은 진실로 그가 [삶과 죽음에 대해서] 처신할 바를 알고 죽음을 겁내지 않은 것이다. 비록 지난날의 열사라도 이 이상 무엇을 더할 수 있겠는가!"(「계포 · 난포 열전」)라고 극찬했다.

그가 세운 삶의 원칙은 너무 팍팍하여 남을 용서해 주는 관용의 미덕은 찾아보기 어려웠다. 그러나 그 원칙에 엄격한 만큼, 자신에게 은혜를 베푼 친구를 위해 어떤 일도 마다하지 않는 진정한 용기를 지닐 수 있었고 죽음의 고비에서도 굳건히 견뎌 낼 수 있었던 것이다. 모반이라는 입에 올리기도 힘든 어마어마한 사건을 변호해 줄 수 있는 친구를 둔 팽월이 부러울 따름이다.

현명한 사람은 진실로 자기 죽음을 귀중히 여긴다. 저 비첩이나 천한 사람이 분개하여 스스로 목숨을 끊는 것은 [진정한] 용기라고 할 수 없고, 그들이 바라는 것을 실현할 방법이 없었을 뿐이다.(賢者誠重其死. 夫婢妾賤人感慨而自殺者, 非能勇也, 其計畫無復之耳.) —「계포·난포 열전」

■ 난포 (기원전 238?~기원전 145)

한나라 초기의 양(梁)나라 사람으로 팽월과 깊은 우정을 맺었는데 팽월이 모반 사건에 연루되어 피살되자 그는 죽음을 무릅쓰고 시신을 수습하였고 그의 의로움을 눈여겨본 한왕에 의해 도위에 임명된다. 한 문제 때도 장군이 되어 연나라 재상에 이르렀다가 유후에 봉해진다. 한나라 경제(景帝) 5년에 아흔이 넘은 나이로 세상을 떠났다.

신뢰는 올바른
원칙에서 피어난다

약속에 늦은 자를 군법으로 처단하다

춘추 시대 동쪽의 강국 제나라에 위기가 찾아왔다. 진(晉)나라가 아읍(阿邑)과 견읍(甄邑)을 치고 연(燕)나라가 황하 부근을 공격하고, 연이은 패배와 오랜 전쟁으로 군사들도 지친 상태였다. 초조해 하는 경공에게 재상 안영이 전완(田完)의 후손인 양저를 추천했다. 그가 비록 전씨의 서출이지만 글도 잘 쓰고 무예도 쓸 만하다는 것이었다. 경공이 양저를 불러 이야기를 나눠 보니 마음에 들었다. 그는 즉시 양저를 장군으로 삼아 군사를 이끌고 가서 연나라와 진나라 군사를 막도록 했다.

그러나 양저는 하루아침에 장수에 오른 자신의 명을 누구도 듣지 않으리라는 결론을 내리고 경공을 찾아가 이렇게 건의했다. 신은 이렇다 할 기반이 없으니 백성의 존경을 받으면서도 경공이 총애하는 분을 감군(監軍) 자리에 내세우면 자신이 곁에서 잘 보필하겠노라고. 이에 경공은 장고(莊賈)라는 사람을 추천했다.

양저는 장고와 다음 날 정오에 군문(軍門)에서 만나기로 약조했다. 이튿날 양저는 수레를 빨리 달려 먼저 군영으로 가서 해시계와 물시계를 마련해 놓고 장고를 기다렸다. 원래 장고는 교만한 사람으로, 장군이 이미 군영에 가 있으니 감군인 자신은 서두를 것 없다고 생각했다. 친척과 측근들이 그를 전송하자 술을 마시며 꾸물댔다. 정오가 됐는데도 장고가 오지 않자 양저는 해시계를 엎고 물시계를 쏟아 버리고는 군영으로 들어가 순시하고 병사들을 지휘하며 군령을 전 지역에 선포했다.

그러나 장고는 대부들의 송별연까지 참가한 후 저녁때가 돼서야 거들먹거리는 모습으로 나타났다. 양저가 늦은 이유를 추궁하자 장고는 송별연 때문에 늦었다고 둘러댔다. 양저는 불호령을 내렸다.

"지금 적들이 쳐들어와 나라가 들끓고 병사들은 국경에서 뜨거운 햇살과 비바람을 맞고 있습니다. 왕께서는 편히 잠자리에 들지 못하고 음식을 드셔도 단맛을 느끼지 못합니다. 백성의 목숨이 모두 당신에게 달려 있거늘 송별회라는 말이 뭡니까."

그리고는 즉시 군 법무관인 군정(軍正)에게 군법대로 처리하도록 하니 목을 베어야 한다고 말했다. 그제야 장고는 상황의 심각성을 알고 급히 사람을 시켜 경공에게 사면을 요청했다. 그러나 경공의 사자가 들이닥치기 전에 처단돼 목이 군영에 내걸렸다. 얼마 후 경공이 보낸 사자가 장고를 사면하라는 부절을 가지고 말을 달려 군영 안으로 들어왔다. 사면을 청하는 그에게 양저는 "장수가 군영에 있을 때에는 왕의 명령도 받들지 않을 수 있소."라고 일침을 가하고는 군영 안에서 말을 달린 그에게 군법에 따라 목을 베어야 한다는 군정의 말을 전했다. 이 말을 들은 사자가 몸을 벌벌 떨자 양저는 짐짓 "그는 왕의 사자이니 죽일 수는 없지 않은가."라고 하면서 그의 마부와 수레 왼쪽의 곁나무, 왼쪽 곁말의 목을 베어 본보기로 삼았다. 양저는 사자를 보내 경공에게 보고하도록 한 뒤 싸움터로 나갔다.

솔선수범으로 마음을 얻다

전장에 가 보니 사기가 땅에 떨어질 대로 떨어져 있었다. 양저는 냉소적인 병사들을 몸소 보살피며 그들의 가려운 곳을 긁어 주고 입고 먹는 것도 병사들과 똑같이 했다. 그러자 얼마 후 병사들이 서로 전쟁터에 나가겠다고 다짐했고 진나라와 연나라 군대는 이 소문을 듣고 달아나거나 흩어졌다. 양저는 그들을 추격해 예전의 땅을 되찾고 대사마(大司馬)로 승진했으며 백성들의 존경을 받았다.

법이란 다스림의 근거이며 포악한 짓을 금해 선(善)으로 인도하는 원칙이라는 사실을 상기해 준다. 어디 군대뿐이겠는가. 법이 바르면 백성들이 충성을 다하고, 지은 죄를 정당하게 처벌하면 백성들이 복종하므로 군주 된 자는 중시하지 않을 수 없다. 모든 일은 공사의 구분에서 비롯되는 법이고, 법과 원칙을 이행하는 것은 조직을 관리하는 자의 필수 자질이다.

　세상을 살면서 비주류가 택할 수 있는 성공의 승부수는 의외로 많지 않다. 만일 양저가 적절한 타협과 비굴로 낙하산 인사나 다름없는 장고를 사면해 주고 사자에게도 그런 모습을 보여 경공의 환심을 사려고 했다면 그 조직에서 살아남아 공을 세울 수 있었을까.

　고지식한 기준이 아니라 누구든 납득할 수 있는 원칙, 인간을 배려한 법을 흔들림 없이 적용하는 태도는 신뢰를 쌓는 데 가장 기본이 된다. 더구나 아직 지지 기반이 없는 리더일수록 원칙의 리더십은 더욱 큰 힘을 발휘한다. 단 한 가지, 원칙은 리더 자신으로부터 시작되어야 한다는 것을 기억해야 한다.

> 장수란 명령을 받은 그날부터 집을 잊고, 군영에 이르러 군령이
> 확정되면 친척들을 잊으며, 북을 치며 급히 나아가 공격할 때에
> 는 자신을 잊어버려야 합니다.(將受命之日則忘其家, 臨軍約束則忘其
> 親, 援 鼓之急則忘其身.) —「사마양저 열전」

■ 사마양저 (?~?)

춘추 말기의 장수로서 성은 규(嬀)이고, 전완의 후손으로 재상 안영의 추천으로
자리에 올랐다. 제 경공에 의해 다시 대사마가 되자 사마씨(司馬氏)로 일컬어졌
다. 대사마가 이전에 불렸던 전양저로 불리도 한다. 소신이 투철하고 군법을 잘
지켜 엄격한 군율에 따라 군대를 다스렸으며 '기술(巧)'로 전쟁을 치른 자로 유
명하다. 『한서』「예문지」에 의하면 『사마법(司馬法)』은 155권이었는데 전국 시대
이미 없어졌고 지금은 다섯 권만 남았다고 한다. 그의 벼슬이 사마라서 사마양
저라고 하는 호칭이 더 알려져 있다.

전략

戰略

이기는 법이 아닌
지지 않는 법

병법이란 속이는 이치다

"병법이란 속이는 이치(궤도(詭道))이며, 전쟁에서는 모략으로 공격하는 모공(謀攻)이 중요하고, 성벽을 공격하는 공성(攻城)은 최하위다." 이렇게 말한 손자는 중국 최고의 병법가다. 손자의 용병술의 몇 가지만 요약하면 이런 것이다. 동쪽으로 군대를 향하게 하면서 실제로는 소수 정예를 서쪽으로 보내 성벽을 기어오르게 만든다.(聲東擊西) 동태를 살피던 서쪽의 적이 심리적으로 안심할 때 바로 허(虛)가 생긴다. 상대의 허를 찌르는 법은 우선 자신을 감추는 데서 시작한다. 병사들이 병들어 보이게 한다든지, 국내 정세가 어지러워 보이게 한다든지, 아니면 장수의 신변에 유고가 생긴 것처럼 보이게 하는 것이 여기에 해당한다. 그래서 우리를 살피러 온 적진의 탐색병이 오인하고 잘못된 보고를 올리면 틈이 보인다는 것이다. 적을 속이는 데에는 나를 감추는 것으로 충분하지 않다. 적극적으로 미끼를 던져 유인하고 혼란스럽게 하는 방법도 필요하다. 사신을 보내 화친을 청한다든지, 일부러 불리한 곳에 진지를 구축한 것처럼 보이게 하여 적이 선제공격하게 유도한 뒤 적 대열의 허리를 끊는 일이 바로 이것이다.

손자의 본래 이름은 손무(孫武)로 사마천에게 손자란 존칭을 얻었다. 조조(曹操)의 『손자병법』 주석본에 힘입어 그의 병법은 수많은 이론에 인용되고 실전에 응용되면서 험난한 시대를 살아가는 우리네 삶의 경영 철학으로 자리매김했다.

『손자병법』을 지었을 당시에도 이미 그의 글은 널리 읽혔다. 『손자병법』「찬졸」편에 보면, "좋은 군주를 만나지 못했다면, 결코 아무 군주 밑에서나 장수가 되지 말라."라는 말이 있다. 한 나라를 볼 때에는 먼저 그 나라의 군주를 보고 한 가족을 볼 때에는 먼저 그 집의 가장을 본다. 훌륭한 나라란 도리를 아는 군주가 통치하고 있으며, 잘되어 가는 집에는 현명한 가장이 있는 것이다. 그에게 과연 실제 지휘 능력이 있는지 의심하는 오왕 합려에 의해 그가 장수로 임명된 과정은 상대의 허를 찌르는 기발한 발상에서 비롯됐다.

원칙에 철저하여 장수가 되다

사마천의 「손자·오기 열전」에 의하면 오왕 합려가 궁녀 180명을 손자에게 내주면서 지휘해 보라고 했다. 군사가 아닌 궁녀를 가지고 시험해 본다는 것은 이론과 현실 사이에 존재하는 간극을 어떻게 임기응변으로 대처하는지를 엿보고자 했던 것이다.

손자는 주저함도 없이 그들을 두 편으로 나누고 왕이 총애하는 후궁 두 명을 각 편의 대장으로 삼았다. 그러고는 모두에게 창을 들게 했다. 손자는 줄을 맞춰 늘어선 180명의 미녀들에게 이렇게 물었다.

"여러분은 자신의 가슴, 왼손, 오른손을 알고 있는가?"

"알고 있습니다."

"'앞으로!' 하면 가슴 쪽을 바라보고, '좌로!' 하면 왼손 쪽을 바라보며, '우로!' 하면 오른손 쪽을 바라보고, '뒤로!' 하면 등 뒤쪽을 보도록 하라."

"알겠습니다."

그런데 실제로 훈련에 들어가자 궁녀들은 구령에 맞춰 움직여 주질 않았다. 서로 키득거리는가 하면 딴전을 피우기도 하고 장난을 치기도 했다. 합려의 예상대로 상황은 난장판 그 자체였다. 궁녀들 역시 이런 연출에 익숙한 모습이었다. 바깥에서 홀연히 나타난 객장(客將)을 골려 주기 위한 자리라고 생각하고 있었다.

그 순간 손자는 군법으로 사람을 죽일 때 쓰는 도끼 부월을 움켜쥐고 말했다.

"군령이 분명하지 않고 명령에 숙달되지 않은 것은 장수의 죄다."

그러고는 다시 여러 차례 군령을 되풀이해서 외우도록 했다. 궁녀들이 완전히 숙지한 것을 확인하고는 왼쪽으로 행진하도록 했지만 깔깔대는 것은 여전했다. 그러자 손자는 "군령이 이미 정확해졌는데도 규정에 따르지 않는 것은 사졸들의 죄다."라며 좌·우 대장의 목을 베려고 했다.

그녀들은 오왕이 가장 아끼고 사랑하는 여인들이었다. 깜짝 놀란 오왕이 급히 사람을 내려보내 말했다. "과인은 이미 장군이 용병에 뛰어나다는 것을 알았소. 과인은 이 두 후궁이 없으면 밥을 먹어도 단맛을 모르니 부디 목숨만은 살려 주시오." 그러나 손자는 "저는 이미 왕명을 받아 장수가 되었습니다. 장수가 군에 있을 때에는 왕명이라도 받들지 않는 경우가 있습니다."라고 말하고 두 여인의 목을 잘라 버렸다. 그러자 궁녀들은 손자가 명령하는 대로 일사불란하게 움직이기 시작했다.

훈련이라고 하지만 실전이라고 단정한 손자가 냉철한 현실주의자 오왕의 용서를 받고 장군에 임명된 것은 국가의 존망과 생사를 가르는 전장에서는 일상적인 일인지도 모른다. 여기서 우리가 주목해야 하는 것은 손자의 철저한 공사 구분 원칙이다. 사사로운 감정으로 인해 원칙을 어길 수 없다는 그의 생각은 합려가 자신처럼 아끼던 궁녀 둘의 목을 벤 필벌로 결론이 난 것이다.

'지피지기 지천지지(知彼知己, 知天知地)'(『손자병법』「구변(九變)」)라는 문장은 이러한 원칙주의자 손자가 말하는 병법론의 최종 결론이다. 해당 전쟁터의 지형과 상황뿐 아니라 주변 제후국의 정황과 적장의 심리까지도 포괄하는 것으로 나와 상대를 비롯해 전장을 둘러싼 모든 것을 파악해야 한다는 말이다. 그래야만 백번 싸우더라도 위태롭지 않다고 손자는 힘주어 말한다.

전쟁에서 이기기 위한 전략보다는 지지 않기 위한 전략을 많이 세운 손자의 관점은 현재 우리가 주목할 만한 충분한 가치를 던져준다. 무리한 전쟁보다는 안정을 도모하고 확실한 승기가 잡히기 전에는 절대 경거망동하지 말라는 메시지는 결국 남의 역량을 파악하는 것 못지않게 자신의 주제를 잘 파악해야 한다는 말로 재해석되면서 손자를 21세기에 거듭나게 했다.

군령이 분명하지 않고 명령에 숙달되지 않은 것은 장수의 죄이
지만, 군령이 이미 정확해졌는데도 규정에 따르지 않는 것은 사
졸들의 죄이다.(約束不明, 申令不熟, 將之罪也; 既已明而不如法者, 吏士之
罪也.) —「손자·오기 열전」

■ 손자 (기원전 535~?)

본명은 손무, 자는 장경(長卿)이고, 손자라는 존칭으로 더 알려져 있다. 춘추 시
대 진(陳)나라 공자 진완(陳完)의 후예로 본래 성은 진씨이다. 춘추 시대의 저명한
군사 전략가로서 오나라 군대를 이끌고 초나라 군대를 대파하고 초나라 수도를
점령하여 초나라를 거의 멸망 지경에 이르게 했다. 그는 『손자병법』 13편을 저
술하여 후세 최고의 병법가로 추앙받는다.

군자도 현실적
기반은 필요하다

유가 가운데 세상사에 가장 밝았던 자

공자의 많은 제자 가운데 자공처럼 세상사에 밝았던 이도 드물다. 자공이 공자의 곁에서 보필할 수 있었던 것은 재물을 모으고 재력을 펼칠 수 있는 기반이 있었기 때문이다. 공자가 천하를 주유하던 10여 년 동안에는 늘 위기 상황이 따라다녔다. 자신을 써 줄 군주를 찾아 상갓집 개처럼 초라하게 천하를 떠돌던 어느 날 그는 자신의 삶이 서글퍼졌다. 공자가 조(曹)나라를 떠나 송(宋)나라에 도착해 큰 나무 아래에서 예에 대해서 강의하고 있을 때였다. 갑자기 나타난 송나라의 사마환퇴(司馬桓魋)가 공자를 위협하면서 나무를 뽑아 버리는 등 모욕감을 주었다. 제자들이 서둘러 떠날 것을 재촉하자, 공자는 하늘이 자신에게 덕을 이을 사명을 주셨는데 사마환퇴가 나를 어찌하겠냐고 되물었다. 그러나 공자는 그곳을 떠날 수밖에 없었다. 공자는 가는 곳마다 일이 제대로 안 풀렸다. 그가 하는 말은 아무런 메아리 없이 허공 속에 사라졌다. 성미 급한 자로(子路)가 "군자도 이처럼 곤궁할 때가 있습니까?"라고 묻자 공자는 "군자는 곤궁함을 지키지만 소인은 곤궁해지면 넘치게 된다."(「공자 세가」)라고 했다.

군자란 뜻대로 되지 않는다고 자신의 길을 벗어나지 않으며 어려운 때일수록 정도를 걸어야 한다는 것이다. 늘 일정하기에 평정심을 유지하고 고요한 내면에서 깊은 사유가 우러나온다. 날뛰다가 수그러들기를 반복하는 삶과는 차원이 다른 것이다.

자공은 위(衛)나라 사람으로 이름은 단목사(端木賜)이고 공자보다 서른한 살이나 어렸다. 말재주가 뛰어났으나 그 점을 못마땅하게 여긴 공자에게 수시로 핀잔을 들어야 했다. 그러나 머리 회전이 빠르고 재물을 모으는 데 관심이 많았다. 자공은 싸게 사서 비싸게 파는 일을 좋아하여 때를 보아서 돈을 잘 굴렸다. 그는 남의 장점을 칭찬하는 것을 좋아했으나 남의 잘못을 덮어 주지는 못했다. 그는 일찍이 노나라와 위(衛)나라에서 재상을 지냈으며, 집 안에 천금을 쌓아 두기도 했다. 공자가 수많은 제자를 거느리고 있었다지만 자공, 자로, 안연 같은 사람들이 주로 공자 곁에 있었는데 그중에서 자공은 공자와 항상 같이 다녔다. 그 이유는 다름 아닌 자공이 그 당시 대단한 부자였기 때문이다. 요즘으로 치면 스폰서였던 셈이다.

게다가 심리술에 밝은 그가 스승 공자에게 한 술 더 떠 자신이 어떤 사람이냐고 되물어 "너는 호련(瑚璉)이다."라는 대답을 듣기도 했다. 호련은 종묘 제사 때 기장을 담던 화려한 그릇이니 자공의 능력을 말솜씨 이외엔 별 쓸모가 없다고 본 것일까. 아니면 자공이 명분만을 앞세우는 듯한 군자상이라기보다는 현실을 냉철하게 보고 가감 없이 판단해서 응용하는 탁월한 지혜와 통찰력의 소유자임을 어느 정도 인정했기 때문일까.

스승의 이름을 떨치게 한 현실 감각

공자가 제흑국을 방문할 때 예우를 받았던 것은 탁월한 외교가이자 거부(巨富)였던 자공이 수행한 덕분이다. 제후 왕들은 정국의 흐름을 훤히 꿰고 있는 자공에게 오히려 많은 것을 기대하고 있었던 것이다. 공자가 말하는 이상주의 정치보다는 자공의 현실 감각이 와 닿았을 것이다. 노나라는 서쪽의 진(晉)나라, 동쪽의 강국 제나라, 남쪽의 오나라·월나라 등에 둘러싸인 최약소국이었으니 언제든 열강의 주도권 싸움에 휘말릴 수 있었다. 그런 상황에서 그가 터득한 것은 생존의 기술이었다.

예를 들어 보자. 제나라의 대부 전상이 내부에서 난을 일으키려다 실패하자 제나라의 위세가들인 고씨들과 함께 노나라를 공격하려는 긴박한 상황이 발생했다. 전상을 찾아간 자공은 노나라를 공격하지 말고 오나라를 쳐야 하는 이유를 이렇게 설명했다.

"제가 듣기에 나라 안에 걱정거리가 있으면 강한 적을 공격하고, 나라 밖에 걱정거리가 있으면 약한 적을 공격한다고 합니다. 그런데 지금 당신의 골칫거리는 나라 안에 있습니다. 제나라 왕께서 당신을 세 번이나 봉하려고 했지만 그때마다 이뤄지지 않은 것은 대신들 가운데 반대하는 이가 있었기 때문이라고 들었습니다. 지금 당신이 노나라를 쳐서 제나라 땅을 넓히게 된다면 제나라 왕은 싸움에서 이겼기 때문에 더욱 교만해질 것이고, 대신들의 위세는 더욱 높아질 것입니다. 그러면 당신은 공을 인정받지 못하고 오히려 왕과의 사이가 날로 소원해질 것입니다. 그래서 오나라를 치는 것만 못하다고 말하는 것입니다. 오나라를 공격해 이기지 못하면 백성은 나라 밖에서 죽고, 대신들은 나라 안에서 그 지위를 잃게 될 것입니다. 이렇게 되면 당신은 위로는 대적할 만한 강한 신하가 없어지고 아래로는 백성의 비난을 받지 않을 것이니 왕을 고립시켜 제나라를 마음대로 할 수 있는 사람은 당신밖에 없게 됩니다."

자공의 논리는 간단했다. 지지 기반이 부족한 전상이 정권의 주류로 들어가기 위해서는 허장성세를 버리고 자기 관리를 철저히 하면서 궁궐 내에서 입지를 굳히는 것이 낫지 않겠느냐는 충고였다. 이뿐이 아니다. 자공은 월나라 구천을 찾아가 탁월한 외교 감각을 드러내 일정 기간 노나라를 평온하게 만들었다.

무슨 일을 하든 필요한 기반은 갖추고 있어야 한다. 자공이 공자에게 핀잔을 들을 만큼 세속적인 품성을 지니고 있었지만 공자의 곁에서 보필할 수 있었던 것은 재물을 모으고 재력을 펼칠 수 있는 기반이 있었기 때문이 아닌가? 공자가 일흔일곱 명의 제자들 중에서 유독 총애한 사람은 안회였지만 오늘까지 공자의 이름을 세상에 알려 준 제자는 바로 자공이었다.

> 좋은 농부가 씨 뿌리기를 잘한다고 해서 잘 거두어들이는 것은 아니고, 훌륭한 장인이 기교를 부려도 순조롭게 하는 것은 아니다. 군자가 그 도를 닦아서 기강을 세우고 계통 있게 다스릴 수는 있더라도 받아들여지는 것은 아니다.(良農能稼而不能爲穡, 良工能巧而不能爲順. 君子能脩其道, 綱而紀之, 統而理之, 而不能爲容.) ── 「공자 세가」

■ 자공 (기원전 520?~기원전 456?)

춘추 시대 유학자로서 본명은 단목사이다. 공문십철의 한 사람이고, 언어에 뛰어나 외교 관계 등 대외 협상에 능했다. 공자 사후 자공의 명망이 가장 높았으며, 공자가 성인이 된 것도 그의 역할이 컸다. 말하자면 탁월한 외교가 자공은 늘 공자를 모시고 제후국을 주유했으며 공자의 마음을 잘 읽는 제자였다.

풍족해야
명예와 치욕을 안다

부에 대한 욕망은 인간의 타고난 본성이다

제(齊)나라 환공(桓公)을 돕는 재상이 되어 경제 최우선 정책을 통해 그를 춘추오패로 만든 관중만큼 운도 따르고 자신이 하고 싶은 일을 하면서 파란만장한 삶을 살다 간 사람도 많지 않다. 그는 관포지교(管鮑之交)란 고사의 주인공이기도 하다.

관중은 몰락한 귀족의 후손으로 태어났다. 빈곤한 어린 시절을 보내면서 삶에 강한 의지를 갖게 됐다. 장사에 관심이 있어 어려서부터 이곳저곳을 돌아다녔고 각 나라의 지형과 경제 상황에 대해서도 남다른 경험과 안목을 쌓았다. 그가 지은 『관자(管子)』를 보면 "국가에 비옥한 토지가 있지만 백성이 배불리 먹지 못하는 것은 생산 도구가 좋지 못하기 때문이고, 산림과 바다에서 각종 물품이 생산되지만 백성이 생활이 풍요롭지 못한 것은 상공업이 발달하지 못해서다."라는 구절이 있다. 여기서도 보이듯이, 우여곡절 끝에 재상이 된 관중은 "창고에 물자가 풍부해야 예절을 알고, 먹고 입는 것이 풍족해야 명예와 부끄러움을 안다."라며 남다른 안목으로 경제를 중시하는 정치를 펼쳤다. "부라는 것은 사람의 타고난 본성이라 배우지 않아도 누구나 얻고 싶어 한다."(「화식 열전」)라는 말처럼 부에 대한 욕구는 본성의 문제여서 금한다고 없어질 것이 아니다.

냉철한 현실 감각과 균형 감각이 있는 관중에게 인의도덕이니 뭐니 하는 명분의 문제는 그다지 중요한 것이 아니었다. 왕이 정책을 온전히 시행할 수 있고 부자간의 화목과 형제간의 우애가 있으려면 일단 부가 바탕이 되어야 한다고 믿었다. 「관·안 열전」에 따르면 관중은 재상이 되자 해안을 끼고 있는 지리적 이점을 활용, 산물을 교역하고 축적해 부국강병에 힘썼으며 백성과 고락을 함께했다. 또 일의 경중을 잘 헤아려 득실을 저울질하는 데 신중했다. 관중 역시 재산 불리기에 열중해 제나라 왕실만큼이나 재산이 많았지만 제나라 사람들은 그가 결코 사치스럽다고 여기지 않았을 정도로 신임을 얻었다. 이렇듯 뛰어난 '경제 장관' 관중의 곁에는 그를 알아봐 준 친구 포숙아(鮑叔牙)가 있었다.

철저한 현실주의 처세

포숙아는 관중과 함께 장사를 하면서 자신보다 관중이 몰래 더 많은 몫을 차지할 때도 욕심 많다 욕하지 않았고 결국 관중이 장사에 실패를 했을 때도 어리석다 탓하지 않았다. 관중이 관직에서 세 번이나 쫓겨나고 전쟁에 나섰다가 패주하는 등 일이 꼬이기만 하는 상황에서도 포숙아는 늘 그의 곁에서 버팀목 역할을 해 주었다. 하여 관중은 그를 두고 "나를 낳아 준 이는 부모이지만, 나를 알아준 이는 포숙이다."(「관·안 열전」)라며 극찬했다.

마침내 이들에게 기회가 왔다. 관중과 포숙이 제나라 희공(僖公)의 눈에 들어 벼슬길이 열린 것이다. 두 사람은 두 명의 공자에게 각각 줄을 대기로 한다. 관중 자신은 희공이 좋아하는 공자 규(糾)의 스승이 되고, 포숙아에게는 희공이 별로 아끼지 않는 공자 소백(小白)의 스승이 되라고 권했다. 그동안 여러 차례 관중을 이해해 주던 포숙아도 힘없는 소백의 스승이 되는 것을 원치 않았다. 그러나 관중은 집요한 설득으로 자신의 의지를 관철시켰다.

그런데 희공의 뒤를 이은 형편없는 군주 양공(襄公)이 살해당하면서 예상치 못한 왕위 쟁탈전이 벌어지고, 관중과 포숙아는 자신들의 주군을 위해 서로 싸우게 된다. 관중은 소백을 활로 죽이려고까지 했으나 오히려 소백이 왕위를 차지해 환공이 됐다. 관중의 운도 여기서 끝나는 듯했다.

관중은 노나라로 망명했다가 잡혀 제나라로 끌려왔다. 제나라로 압송될 때의 일화는 그의 사람됨을 잘 보여 준다. 한 지방을 지날 때 배고프고 목말라하던 그에게 그곳을 지키는 벼슬아치가 다가왔다. 먹을 것을 들고 온 그는 관중에게 은밀히 물었다.

“만일 제나라에 가서 죽지 않고 임용되면 무엇으로 저에게 보답하겠습니까?”

관중의 답은 의외였다.

“나는 현명한 자를 쓰고, 능력 있는 자를 등용하며, 공이 있는 자를 평가할 것이오. 내가 무엇으로 그대에게 보답하겠소?”

관중은 비록 자신의 처지가 비참해도 절대 포기하지 않는 강한 승부사 기질을 갖고 있었다. 죽을 운명이던 그는 결국 포숙아의 천거로 살아났고, 포숙의 뒷받침과 환공의 야심에 힘입어 관중은 마흔에 재상에 올라 무려 30년간 나라를 다스리게 된다.

가인박명(佳人薄命), 재승박덕(才勝薄德) 등의 고사성어는 재능과 인품을 모두 겸비하는 일이 얼마나 어려운 것인지 말해 주는 예다. 가끔은 사소한 인격적 결함은 털어 버리고 그 사람이 가진 한 가지 특출난 역량만으로 인물을 뽑는 것도 필요하지 않을까. 관중의 성공 전략에는 다소 철면피 같은 면모가 있다. 그럼에도 특유의 원칙과 결단력으로 환공을 패자(覇者)의 지위에 올려놓았다. 물론 포용력의 소유자 포숙과 융통성 있고 현실적인 관중의 장점을 두루 갖춘 인물이 더 낫겠지만 그것은 쉽지 않은 일이 아닌가.

■ 관중 (기원전 723?~기원전 645)

이름은 이오(夷吾)이고 시호는 경중(敬仲)이며, 춘추 시대 제나라 재상으로 환공을 도와 부국강병을 일구어 제나라를 춘추 시대의 강국으로 이끌고 관자(管子)라는 존칭을 얻었다. 어려서 아버지를 잃고 생활이 곤궁하여 스스로 생계를 꾸려 갈 정도였다. 자신이 타도의 대상으로 삼은 환공에 의해 발탁되어 결국 그를 춘추오패로 만들었다. 경제를 중시하여 모든 정신은 의식주에서 비롯된다는 그의 관점은 지금 보더라도 대단히 파격적이며 이러한 사상을 담은 그의 책 『관자(管子)』가 세상에 전한다.

천하는
이익에 따라 움직인다

비단 100필보다 많으면 첩을 얻기 마련이다

제갈량이 죽으면서 후주 유선에게 읽도록 한 책은 『한비자』였다. 왜 그랬을까. 법치와 권세, 아니 술(術)이란 방법론을 통해 군주가 실권을 가지고 신하들을 좌지우지하는 강력한 통치술을 제시하고 있는 책이기 때문일 것이다. 한비란 인물은 유가와 도가 양대 사상을 축으로 하는 중국 사상계에서 논란의 중심에 서 있기도 하다. 흔히들 법과 원칙을 내세운 법가라고 말하지만 따지고 보면 그는 군주의 권력을 유지하고, 사람을 통제하며, 심지어 신하에게 권력을 빼앗기지 않는 구체적 사례를 가장 많이 알고 있는 동양의 마키아벨리다.

한비는 한(韓)나라의 서자 출신 공자로 비주류의 아픔을 겪었다. 그는 순자의 문하에서 이사와 더불어 유학을 배웠다. 사방이 적국으로 둘러싸인 조국 한나라가 약소국의 비애와 굴욕을 겪는 것을 본 그는 실용적인 법가로 무장하고 한나라 왕에게 법치를 건의했으나 자신을 알아주지 않자 울분에 차 『한비자』란 책을 남겼다. 말더듬이인 그는 조국에서 일이 풀리지 않자 적국 진나라 시황제를 찾아가 유세를 한다. 그러나 이마저도 실패하고 동문수학한 친구 이사의 부추김 속에서 살해당하고 만다. 그는 죽으면서도 자신의 사상을 고스란히 남겨 진시황의 진나라 통일과 정치의 단초를 제공했다.

그가 지은 『한비자』에 소개된 일화 중 이런 것이 있다. 위(衛)나라 사람 부부가 기도를 드리는데, 부인이 축원하며 말했다.

"공짜로 베 100필을 얻게 해 주십시오."

"어째서 조금만 바라오?"

남편이 묻자 그녀는 대답했다.

"이보다 많으면 당신이 첩을 살 것이기 때문입니다."

인간의 성품은 선하지 않고 모든 것이 이해관계에 의해 결정된다는 비유가 허를 찌른다. 그러니 한 이불 속의 부부도 아니고 피를 나눈 형제도 아닌 군주와 신하, 백성과 백성 사이는 서로를 믿지 못하는 것이 당연하지 않느냐는 것이다. 심지어 풍년이 들어 나그네에게 곡식을 주는 선행도 식량이 많이 생겨 남아돌기 때문이라는 게 한비의 논리다.

한비는 인간의 본성은 이해득실만을 따질 뿐 도덕성은 생각하지 않는다고 보았으니 그는 이를 부모가 낳은 아이가 아들일 경우와 딸일 경우 취하는 행동의 차이로 설명하기도 했다. 아들이나 딸이나 모두 부모의 품안에서 나왔지만, 아들을 선호하는 것은 따지고 보면 부모 자신의 노후를 걱정한 데서 비롯된다는 것이다. 또 사람들의 이해관계는 늘 어긋난다. 예컨대 군주와 신하가 생각하는 이익이 각기 다르며, 남편과 아내, 형과 아우의 사이에도 이해는 서로 엇갈리기 마련이다. 이 중에서도 특히 군주와 신하는 남남끼리 만나 각자의 이익을 추구하는 관계이므로 군주가 신하에게 충성심만을 요구한다든지 도덕만으로 다스린다는 것은 어리석은 일이다. 그래서 한비는 이들을 다스리는 유일한 방법으로 법을 제시한 것이다. 인덕으로 다스리는 것은 고대에 사람들이 별로 없을 때의 이야기이지, 지금처럼 혼돈의 시대에는 인덕의 통치술이 힘을 발휘할 수 없다는 것이 그의 일관된 논지다.

드러내지 않는 자가 무서운 법

한걸음 더 나아가 그는 한 나라의 백성을 책임진 군주는 늘 냉철함을 잃지 말아야 한다면서 이렇게 강조한다.

"법에 따라 형벌을 집행하는데 군주가 이 때문에 눈물을 흘리는 것은 인자함을 드러내는 것이지 다스리는 것은 아니다. 눈물을 흘리며 형을 집행하지 못하는 것은 인(仁)이고, 형을 집행하지 않을 수 없는 것은 법(法)이다. 선왕이 법을 우선하고 눈물에 따르지 않은 것은 인만으로는 백성을 다스릴 수 없음이 분명하기 때문이다."

수주대토(守株待兔), 즉 그루터기를 지키며 토끼를 기다리는 농부 같은 자세를 버리고, 시대의 변화를 인정하고 오늘의 기준에서 모든 것을 판단하라는 가르침을 제시한 한비는 감정적인 인간이야말로 가장 위험하고 믿을 수 없는 존재라고 했다. 여기에는 예외가 없다. 강력한 권력을 지닌 군주도 마찬가지다. 군주는 자신이 하고자 하는 바를 드러내지 않아야 한다. 군주가 하고자 하는 바를 내보이면 신하는 그 의도에 따라 잘 보이려고 스스로를 꾸밀 것이다. 그는 아랫사람에게 책잡힐 언행을 하지 말 것을 분명히 경고한다. 신하 역시 자신의 속내를 군주에게 드러내지 말고 군주의 심기를 건드리지 않아야 목숨을 온전하게 보존할 수 있다고 했다.

한비가 말한 것을 철저히 시행한 사람으로 한나라 경제 때의 낭중령 주문(周文)이 있다. 그는 경제의 총애를 독차지하여 침실을 드나들 정도였지만 어떤 경우에도 왕에게 다른 사람의 비밀을 말하지 않았다. 권력을 좌지우지한 제나라 재상 주보언이 그의 가족들과 함께 몰살당한 것은 그의 뇌물 비리를 아는 자가 누설했기 때문이었다.

혼돈의 시대에는 자신의 속내를 숨기고 어둠 속에서 자신을 길러야 한다는 한비의 생존법은 오늘 이 시점에도 여전히 유효하다. 자세히 살펴보라. 저마다 생존을 위해, 퇴출 대상이 되지 않기 위해 몸부림치는 우리도 적절한 비굴과 자기기만을 통해 하루하루를 살아가고 있지 않은가.

어차피 기업을 비롯한 조직 사회에는 상하 관계가 있게 마련이고, 그것은 온정적인 인간관계보다는 객관적이고 냉정한 관계로 변해 가고 있다. 서글프지만 이런 '악의 축'에서 자유로울 자는 누구이며, 아니라고 단언할 자 누가 있겠는가. 드러내지 않는 자가 무서운 법이다.

■ 한비 (기원전 280?~기원전233)

한비는 전국 시대 법가의 집대성자로서 상앙, 신불해(申不害)와 신도(慎到)의 사상을 총결했다. 본래는 이사와 함께 순자를 스승으로 섬겨 그의 성악설에 바탕을 두고 여기서 한 걸음 더 나아가 형명(刑名) 법술학(法術學)으로 발전시켰다. 그는 노자를 숭상하여 노자의 철학 사상을 귀감으로도 삼았으며 '도'에 법술적 의미를 부여하여 강한 '유위(有爲)'를 주장했다. 그는 또 이전 시기 법가의 법(法), 술(術), 세(勢)를 계승하고, 이 세 가지를 융합하여 자신의 사상 체계를 형성했다. 한비의 저작을 담은 『한비자』의 내용은 대부분 현실 문제에 대한 것으로서 전국 시대 사회 현실에 대한 냉철한 관찰과, 군주는 법술로써 사람들을 통제하고 엄한 형법으로 나라를 다스려야 한다는 주장을 담고 있다. 그는 진시황에게 유세하려다가 실패하고 독살당했다.

이익을 셈하기 전에
먼저 베풀어라

재산의 절반을 조정에 바치다

거대한 중국사에서 이름을 남긴 사람들 가운데에는 왕후장상만 있는 게 아니다. 사마천의 경제관이 집약되어 있는 「평준서」에는 타의 모범이 된 거부(巨富) 복식의 이야기가 실려 있다. 복식은 하남군 출신으로 농사를 짓고 목축일도 하면서 살았다. 부모를 일찍 여의고 어린 동생을 돌보다 동생이 장성하자 집과 재물, 전답을 모두 동생에게 주고 복식은 기르던 양 100여 마리만 갖고 산으로 들어갔다. 산에서 지낸 지 10여 년이 지나자 양의 숫자가 1000여 마리로 늘고 널찍한 집도 마련했다. 그러나 동생은 하는 사업마다 실패했다. 복식은 그럴 때마다 동생에게 재산을 나누어 주었는데 그럼에도 재산은 불어났다.

어느 날 흉노가 북방에서 공격해 오자 복식은 재산의 절반을 조정에 바쳐 변방을 수비하는 데 보태겠다는 상소를 올렸다. 뭔가 숨은 의도가 있다고 생각한 한 무제는 사자를 시켜 꼬치꼬치 물어보게 했다.

사자가 "관리가 되려고 하는가?"라고 물으니 복식은 "신은 어려서부터 목축만 해 왔기에 관리가 되는 것에 익숙지 않습니다. 그것은 원하지 않습니다."라고 답했다. 다시 사자가 "그럼 집안에 억울한 일이 있어서 호소하려는 것인가?"라고 묻자 복식은 더욱 단호하게 대답했다. "신은 태어나자마자 남과 갈라서서 다툰 적이 없습니다. 마을 사람 중에 가난한 사람들에게는 재물을 빌려 주고 착하지 않은 사람들은 가르쳐서 착한 것을 따르게 했습니다. 읍에 사는 사람들이 모두 저를 따르는데 제가 무슨 이유로 남에게 억울한 일을 당하겠습니까."

그러면서 자신은 변방에서 죽기를 각오하고 싸우기보다는 가진 재물을 바쳐 비용에 보탬이 되고자 했다. 이 말을 전해 들은 무제는 승상 공손홍에게 의견을 물었다. 공손홍은 보통 사람의 마음가짐이 아니라며 평범하지 않은 백성을 교화의 모범으로 삼으면 오히려 법을 어지럽힐 수 있으니 그의 청을 들어주지 말라고 간언했다. 무제는 오래도록 복식에게 결정 사안을 알려 주지 않다가 몇 년이 지나고서야 허락하지 않겠다고 통보했다.

그러는 사이 복식은 집으로 돌아가 농사도 짓고 가축도 길렀다. 흉노와의 싸움이 빈번해지자 군대는 자주 출정하게 됐고, 흉노의 혼야왕 등이 투항해 와 그들에게 먹을거리까지 주고 나니 창고가 텅 빌 정도였다. 빈민들은 늘어나 조정에서는 이들에게 식량을 대기에도 벅찼다.

그의 고향인 하남군에도 각지에서 이주해 온 빈민들이 많아 복식은 20만 전을 태수에게 주어 돕게 했다. 태수의 부인이 기부자들의 명단을 조정에 올렸는데 무제가 복식의 이름을 발견하고는 복식에게 400명분의 과경전(過更錢)을 내렸다. 당시 군복무 규정에 의하면 징집 대상인 성인 남자들 중에 변방 복무를 원하지 않으면 일인당 300전의 비용을 써서 대리 군 복무자를 사게 했는데 이 돈이 바로 과경전이다. 그러나 복식은 이 돈을 조정에 다시 돌려주었다.

양 치는 일과 나라 다스리는 일은 같다

당시 부호들은 재물을 다투어 숨겼으나 복식만은 자신의 재산을 털어 조정의 재정에 보태려고 했다. 무제는 복식을 '덕행을 갖춘 장자(長者)'라며 그의 품행을 기리고 백성들의 본보기로 삼게 했다. 또 복식에게 낭관이란 자리를 주어 자신의 정원인 상림원의 양들을 기르게 했다. 그는 여전히 허름한 차림으로 양들을 길렀는데 1년 만에 양들이 통통해지고 새끼도 많이 낳았다. 무제가 지나가다가 탐스러운 양들을 보며 감탄하자 복식은 자신은 그저 제 시간에 밥 주고 쉬게 했으며 병든 양들을 양의 무리에서 걸러 냈을 뿐이라고 하면서 세상 다스리는 이치도 양치기와 크게 어긋나지 않는다고 말했다.

이 말을 들은 무제는 복식을 비범한 인물로 여기고는 구지의 현령으로 제수해 백성들을 다스리게 했다. 이후 평가가 좋아 다시 성고의 현령으로 옮겨 조운(漕運)을 관장하게 했는데 그가 가장 높은 성적을 올렸다. 무제는 이런 점을 높이 평가했다. 그러고는 무제는 자신의 아들인 제왕(齊三) 유굉의 태부로 삼기도 했다.

"사람을 분수라고 할 때, 그 사람의 재능은 분자이고 스스로 내린 평가는 분모다. 분모가 클수록 분수는 작아진다." 겸허한 자세를 강조한 톨스토이의 말이다. 겸허란 인성의 미덕이고 사람들을 따르게 하는 힘이 있다. 또한 욕심이 없으면 강해진다. 넘치는 만큼 덜어 내면 더욱 단단하게 채워지는 법이다. 세상에 인재는 이렇듯 보이지 않거나 아주 하찮은 곳에도 널려 있다. 어디든 자기 위치에서 묵묵히 제 몫을 다하는 인물을 눈여겨보라. 이것을 알아보는 자가 바로 리더다.

양뿐 아니라 백성을 다스리는 것도 이와 같습니다. 시간에 맞추어 일어나게 하고 쉬게도 하며, 병든 양은 곧바로 내버려 무리들을 해치지 못하도록 해야 합니다.(非獨羊也, 治民亦猶是也. 以時起居; 惡者輒斥去, 毋令敗群.) ―「평준서」

■ 복식 (?~?)

한 무제의 대신으로 낙양 사람이다. 양치기로 거부가 되어 흉노 침입에 재산을 기부했다. 그의 청렴 강직함을 높이 평가받아 등용되어, 관직이 어사대부에 이른다. 강력한 소신과 주관으로 염철의 관영사업에 대한 입장 표명도 했으나 끝까지 수를 누렸다.

배짱은 교섭의 필수 조건

온화하면서도 엄격한 외유내강형 인물

인품과 처세는 표리의 관계처럼 함께 굴러가는 것이다. 한 개인의 삶의 격을 결정짓는 것이 인품이라면 처세는 타인들과의 관계망 속에서 살아가는 방식이다. 재상은 흔히 성공한 2인자라고 한다. 2인자는 진퇴를 잘 알아야 하고, 영예를 타인에게 돌릴 줄 알아야 하며, 1인자와 충돌하지 않아야 한다. 냉정한 현실을 잘 포장해 보고하는 말의 연금술도 습득해야 하며, 철저한 자기 관리 또한 필수적이다.

「관·안 열전」에 소개된 안영은 겸허한 재상의 이미지로 그려져 있다. 그의 단 한 가지 흠은 키가 작다는 것이다. 5척 단구의 왜소한 그가 제(齊)나라의 군주들인 영공(靈公)과 장공(莊公), 경공(景公) 3대에 걸쳐 50여 년간 2인자의 자리에 있을 수 있었던 원천은 철저한 자기 관리에 있었다. 그는 30년간 한 벌의 옷으로 지냈고, 첩에게도 화려한 비단옷을 입지 못하게 했다. 밥상에도 고기반찬을 두지 못하게 할 정도로 청빈했다고 사마천은 기록하고 있다.

안영과 관련된 많은 이야기가 있는데 그중에서도 '안자의 마부'라는 일화가 널리 알려져 있다. 안영이 제나라 재상이 되어 밖으로 나가려 할 때였다. 그의 마부의 아내가 문틈으로 자기 남편을 엿보니 마부가 마차의 큰 차양을 받쳐 들고 네 필 말에 채찍질을 하면서 의기양양해하는 모습이 가관이었다. 날이 저물어 마부가 돌아오자 그의 아내는 남편에게 헤어질 것을 요구했다. 남편이 그 까닭을 물었다. 아내는 이렇게 대답했다.

"안자(안영)라는 분은 키가 여섯 자도 채 못 되는데 제나라의 재상이 되어 제후들 사이에서 이름을 떨치고 있습니다. 오늘 제가 그분이 외출하는 모습을 살펴보니 품은 뜻이 깊고 항상 자신을 낮추는 겸손한 태도가 있었습니다. 그런데 당신은 키는 여덟 자가 되건만 겨우 남의 마부 노릇을 하면서도 아주 의기양양해하고 있었습니다. 이것이 소첩이 헤어지자는 까닭입니다."

아내의 단호하고도 거침없는 말을 듣고 난 마부는 느끼는 바가 있어 이전과는 확실히 자신을 낮추고 한없이 겸손해졌다. 안자가 이상한 생각이 들어 물어보자, 마부는 있었던 일들을 사실대로 대답했다. 그래서 안자는 그를 추천하여 대부로 삼았다.

허를 찌르는 외교 수완

'허실(虛實)'이란 말은 『손자병법』의 키워드이다. 힘이 잘 모인 상태가 '실', 그 반대가 '허'이다. 충분히 대비가 있는 것을 '실'이라고 하고 대비가 되어 있지 않은 것을 '허'라고 한다. 그런데 허실이란 단순히 이런 고정된 상태를 의미하는 것이 아니고, '허허실실(虛虛實實)'이라는 말처럼 진짜와는 반대의 모습으로 위장하라는 뜻이 담겨 있다. 이는 전쟁 못지않게 중요한 외교전에서도 마찬가지로 적용된다.

안영이 거의 반세기 동안 재상 자리를 유지할 수 있었던 비결은 겸허한 품성 때문만은 아니었다. 오히려 허실을 이용하는 외교가로서의 자질이 뛰어났다. 『안자춘추(晏子春秋)』에 다음과 같은 이야기가 전해지고 있다.

안영이 남방의 강국 초(楚)나라에 사신으로 갔다. 당시 초나라 영왕(靈王)은 안영의 방문 소식을 듣고 그를 시험해 보기로 했는데, 왜소한 키의 안영이 제후들 사이에서 명성이 자자하니 그의 코를 납작하게 하고 제나라에도 치욕을 안겨 줘 초나라의 위엄을 보여 주자는 것이었다. 이윽고 안영이 초나라 도성에 도착하자 초나라는 성문을 열어 주지 않았다. 안영이 문지기를 불러 문을 열라고 하자 문지기는 안영을 성문 옆 개구멍으로 안내하고는 "재상께서는 이 문으로 들어가시지요. 이 정도면 출입하기에 충분한데 무엇 때문에 큰 성문으로 들어가시겠습니까?"라고 하는 것이었다.

그러자 안영은 크게 웃으며 말했다. "이 문은 개가 드나드는 문이지 사람이 드나드는 문이 아니오. 개 나라에 사신으로 오는 사람은 개가

다니는 문으로 드나들어야 하고, 사람 나라에 사신으로 온 사람은 사
람이 다니는 문으로 출입해야 하오. 과연 내가 사람 나라에 왔는지 개
나라에 왔는지 알지 못하겠군요. 설마 초나라가 개 나라는 아니겠지
요.”

초 영왕은 이 말을 전해 듣고 얼굴이 화끈거렸다. 그러나 그는 이내
성문을 열어 주도록 명령하고는 안영을 대면한 자리에서 “제나라에는
그리도 인재가 없는가. 어째서 당신 같이 키 작은 사람을 사신으로 보
냈소?”라며 인신공격을 했다. 그러자 안영은 태연한 말투로 대답했다.
“대왕, 제나라에는 인재가 많습니다. 다만 한 가지 규칙이 있어, 현명
한 나라에는 현명한 자를 파견하고 대국에는 키 큰 사람을 파견하고
소국에는 키 작은 사람을 파견합니다. 아쉽게도 저는 무능하고 현명
하지도 못하기에 초나라로 파견될 수밖에 없었으니 대왕께서는 이를
이해해 주시기 바랍니다.”

영왕은 그의 의연함에 두려움마저 느낄 정도였다. 강국 초나라에 대
해서도 그는 이렇듯 당당함과 의연한 태도, 임기응변을 적재적소에서
발휘해 교섭을 유리하게 이끌고 자국 제나라의 국익에 큰 도움을 주
었다.

외교란 각국 사이에 미묘하게 얽혀 있는 이해의 실타래를 풀어 타
협과 공존의 해법을 찾는 것이다. 안영의 외교적 수완은 어떤 나라를
방문하든 간에 상당한 힘을 발휘했다. 풍자와 유머 감각도 돋보였다.
그는 당당한 교섭력과 상대의 허를 찌르는 촌철살인의 화법으로 상대
를 제압하는 기술, 일단 대화의 장에 나가면 적절히 수위를 조절하면

서 교섭을 원만히 이끌어 내는 힘을 가지고 있었다.

우리가 외유내강이라는 말을 곧잘 쓰는데, 외교나 경영도 겉으로 요란하게 드러내는 허장성세가 아니라 자신의 소신을 굳건히 지키면서 주위의 상황을 돌아보는 지혜가 필요하다. 안영이 보여 준 직언과 배짱과 소신은 아무렇게나 혹은 누구나 발휘할 수 있는 것이 아니다. 평소 자신의 수양이나 내공이 쌓여서 나타난다는 사실을 명심하자.

■ 안영 (기원전 578?~기원전 500)

춘추 시대 제나라의 정치가요 사상가이며 외교가로서 제나라 상대부(上大夫) 안익(晏弱)의 아들이다. 자(字)는 중(仲)이고 시호(諡號)는 평(平)으로 안평중(晏平仲)이라고도 알려져 있으며, 안자(晏子)라는 존칭을 얻은 인물이다. 작은 키에 외모도 볼품이 없었는데, 안익이 제나라 영공 26년(기원전 556년)에 죽자 그의 뒤를 이어 상대부가 되었고 나중에는 재상의 자리에 올랐다. 뛰어난 기억력과 인품으로 유명한 그는 『안자춘추(晏子春秋)』라는 책을 남겼다.

임기응변의 핵심은
결단력이다

희한한 관상

나라를 빼앗으면 군주가 되고 물건을 빼앗으면 도둑이 된다는 말이 있다. 그러나 반란이란 쉽게 성공하는 게 아니다. 한나라 초기 나라를 뒤흔든 오초칠국의 난을 평정하고 중앙 집권의 발판을 마련한 사람이 있었으니, 바로 주아부이다. 주아부의 아버지 주발(周勃)은 누에치기 출신으로 강한 활을 쏘는 용사가 되어 고조를 도와 천하를 평정했다. 또 장상(將相)의 고위직에 있으면서 반란을 일으킨 한왕(韓王) 신(信)을 대(代) 땅에서 토벌하는 등 상당한 기여를 했다. 그의 업적은 상(商)나라의 이윤(伊尹)이나 주(周)나라의 주공(周公)에 비견될 만한 것이었으나 결국에는 만족을 알지 못해 결과가 좋지 않았다. 이에 사마천은 "자신에 만족하고 배우지 않았고 절조는 엄격히 지켰으나 공손하지 못해, 마침내 곤궁하게 되었다. 슬프구나!"(「강후 주발 세가」)라고 주발을 비판했다. 바로 그런 아버지 밑에 아들 조후(條侯) 주아부가 있었다.

「강후 주발 세가」에는 주아부의 관상 이야기가 나온다. 조후 주아부가 아직 봉후가 되지 않고 하내군수로 있을 때, 관상가가 그를 보고 말했다.

"당신은 3년이 지나면 후에 봉해질 것입니다. 후가 된 지 8년이 되면 장군과 승상이 되어 나라의 권력을 잡을 것이며, 높은 자리를 차지할 것이니, 신하들 중에 당신에 버금갈 자가 둘도 없을 것입니다. 그리고 9년이 더 지나면 당신은 굶어 죽게 될 것입니다."

주아부가 웃으며 말했다.

"나의 형님이 이미 아버지의 후위를 대신하였으니, 설령 그가 죽게 되더라도 그의 아들이 대신하는 것이 마땅한데, 내가 어찌 봉후를 말할 수 있겠소? 그러나 이미 내가 당신의 말처럼 귀하게 된다면 또 어떻게 굶어 죽는다는 것을 말할 수 있겠소? 내게 잘 알려 주시오."

관상가가 주아부의 입을 가리키며 말했다.

"당신의 입 주위에 가로로 무늬가 있으니 이는 굶어 죽을 관상입니다."

그로부터 3년이 지난 다음 그의 형 강후 주승지가 죄를 지어, 문제는 강후의 아들 중에 현명한 자를 선택하려고 하니 모두들 주아부를 추천했으므로 문제는 주아부를 조후로 봉해 강후의 뒤를 잇게 했다.

그러나 주아부는 관상가의 말대로 처참한 죽음을 맞이했다. 큰 전공을 세운 그는 오만해졌고 결국 경제에게 내쳐져 닷새간 단식하다가 피를 토하고 죽었다. 사마천이 신비스러운 관상 이야기를 삽입한 것은 그의 운명을 암시한 것이 아니겠는가. 권력 무상이 세상의 이치임을 좀 깨달아 보라는 것이다.

치밀한 전략으로 모반을 제압하다

기원전 154년 한 경제 때, 오나라와 초나라 등 일곱 제후국이 연합해 반란을 일으켰다. 일명 오초칠국의 난이다. 반란의 주도자는 오왕 유비였으니, 그는 오나라 지역의 광대한 땅과 풍부한 재력에 의지해 황제 자리를 탈취하려고 모의했다. 내막은 이렇다.

한 고조 유방은 항우를 이기자 철저한 가족 중심의 통치 체제를 구축하면서 통치력을 공고히 하고자 했다. 이성(異姓)을 배척하고 자신의 피붙이를 중심으로 제후왕을 삼는 정책을 취했다. 그 수는 100명을 넘을 정도였는데 시간이 흐르면서 저마다 세력을 구축하며 다시 제(齊)나라, 연(燕)나라, 조(趙)나라, 양(梁)나라, 대(代)나라, 회양(淮陽), 초(楚)나라, 오(吳)나라 등으로 통폐합되기에 이르렀다.

그들의 봉토는 아홉 개 군에 달했으며 천하의 절반을 차지할 정도로 거대했다. 황제가 직할하는 군은 겨우 15개에 지나지 않았다. 경제가 발전하면서 제후왕들의 부가 증가하고 세력이 강성해지자 황제에 반기를 드는 이들이 생겨났다. 조정의 관리들도 가만히 있지 않았다. 그들은 단호하게 반대파들의 주장을 배척해야 한다고 건의했고 경제는 이를 받아들였다. 경제는 먼저 조나라의 상산군(常山郡), 초나라의 동해군(東海郡), 오나라의 회계군(會稽郡)과 예장군(豫章郡) 등의 통치권을 빼앗고 이 지역을 조정의 직할지로 삼았다. 그러자 오나라와 초나라를 위시한 일곱 제후국이 연합해 반란을 일으킨 것이다.

수도 장안은 그야말로 일촉즉발의 위협에 노출돼 있었다. 유비는 20만 명의 군대를 이끌고 오나라를 출발해 초나라와 손잡고 서쪽의 양나라를 우선 공격하려고 했다. 그러자 경제는 주아부에게 명령해 그들에게 대항하게 했다. 주아부는 지체 없이 상황을 분석해 전략을 보고했다.

"오나라 군대는 사기가 왕성하고 민첩해 그들과 정면으로 다투기는 어렵습니다. 우리는 잠시나마 양나라를 오나라에게 넘겨 주고 그런 연후에 적군의 식량 보급로를 차단해야 그들을 굴복시킬 수 있을 것입니다."

경제가 그 계획에 동의하자 주아부는 자신의 전략을 실행해 결국 오나라와 초나라 연합군을 크게 무찔러 초왕 유무를 자살하게 했다. 달아난 오왕 유비도 황금 1000근을 걸고 유인해 죽인다. 주아부는 석달의 시간을 들여 반란군의 주력 부대를 쳐부쉈고 난을 평정했다.

평정 과정에서 주아부는 쌍방의 병력 상황을 면밀히 검토한 다음 진격과 수비를 기밀하게 처리하면서 먼저 방어하는 전략을 취했다가 공격으로 전환하는 임기응변 전략으로 패색이 짙은 상황을 역전시켰다.

무궁무진한 용병의 변칙 전술이 바로 임기응변이다. 변(變)이란 용병의 융통성, 말하자면 시대와 상황에 따른 변화를 의미한다. 임기응

변과 결단력은 함께 가는 하나의 축이다. 주아부는 정확한 상황 판단
과 그에 맞는 임기응변으로 자칫 정권의 몰락을 초래할 수도 있는 위
기 상황을 지혜롭게 극복하고 「오왕 비 열전」의 실질적 주인공으로
거듭난 것이다.

> 스스로에게 만족하고 배우지 않고 절조를 지켰으나 겸손하지는 않아 결국 빈궁한 데에 이르렀으니 슬프구나!(足己而不學, 守節不遜, 終以窮困. 悲夫!) ─「강후 주발 세가」

■ 주아부 (기원전 199~기원전 143)

패현 사람으로 저명한 장군이요 군사가이며 명장 주발의 둘째 아들이다. 오초 칠국의 난에서 그는 석 달에 걸쳐 반군을 평정했으나 나중에 옥사한다.

시대를 읽는
눈을 먼저 길러라

전국 시대 판도를 바꾸다

약 800년간 중원을 통치하던 주나라가 몰락하면서 천자의 권력은 유명무실해졌고 여기저기서 제후국들이 자웅을 다투기 시작한다. 정치적 분열과 도덕적 위기가 생기고 의식주 문제가 대두되었다. 천자의 권위가 실낱같으나마 남아 있었던 춘추 시대에는 제후국 사이에 도덕률이 존재했으나 영토 문제 등으로 서로 무력 충돌을 일삼으면서 전국 시대로 접어들었다. 이 과정에서 50여 개의 제후국은 7웅으로 정리됐다. 강자는 늘 약자 위에 군림하고 약자는 강자의 희생양이 되지 않기 위해 화해를 원했지만 그럴 가능성은 거의 없어 보였다. '생존'이 화두가 된 이 시대에 힘을 합쳐 강자에게 대항하느냐 아니면 강자의 그늘에 기대어 살아가느냐의 논의가 맞부딪쳤으니 전자가 합종이고 후자가 연횡이며 전자의 대표가 바로 소진이다. 그는 6국이 동맹하여 진의 동방 진출을 막을 수 있는 합종책(合縱策)을 내세워 15년간 6국의 재상을 맡게 된다.

「소진 열전」에 의하면 소진은 동주(東周) 낙양(洛陽) 사람으로 일찍이 스승을 찾아 동쪽 제나라로 갔다가 귀곡선생(鬼谷先生)에게 배웠다. 귀곡선생은 전국 시대에 활동한 종횡가 중 한 명으로 소진의 친구 장의의 스승으로도 알려져 있다. 소진은 배운 것을 써 보기 위해 동주를 떠나 여러 해 동안 유세하러 다녔지만, 많은 어려움을 겪고 집으로 돌아왔다. 그에게 우호적인 가족은 거의 없었으니 형제, 형수, 누이, 아내, 첩 모두가 한결같이 비웃으며 말했다.

"당신은 본업을 버리고 입과 혀끝만을 놀리고 있으니, 가난하고 궁핍한 것 또한 당연하지 않습니까!"

소진은 부끄럽고 슬퍼졌다. 그는 그 길로 문을 걸어 잠그고 방에 틀어박혀 책을 꺼내 두루 훑어보다가 이렇게 말했다.

"선비가 머리를 숙여 가며 배우고도 높은 벼슬과 영화를 얻을 수 없다면 책을 많이 읽은들 무슨 쓸모가 있겠는가?"

그때 그의 뇌리에 박힌 책이 바로 스승 귀곡자에게서 물려받은 병가의 책 『음부(陰符)』였다.

국제 정세를 정확히 알다

1년을 『음부』에 파묻혀 지내며 상대방의 심리를 알아내 설득하는 방법을 터득한 그는 곧바로 서쪽 진(秦)나라를 찾아갔다. 강력한 진나라를 위해 그가 내세운 전략은 연횡책이었다. 그는 혜왕에게 "사방이 뛰어난 요새로 이뤄진 진나라는 하늘이 특별히 만들어 준 지역이니 선비와 백성에게 병법을 가르친다면 천하를 삼켜서 제왕이라 일컬을 수 있을 것입니다."라고 말했다. 만약 혜왕이 소진을 받아들여 책사로 썼더라면 오늘날 그는 연횡가가 되어 있을지도 모를 일이다. 그러나 혜왕은 조나라와의 전쟁을 치르느라 지친 상태였기에 소진의 말을 받아들일 수 없었다. 사실 혜왕은 진나라를 변법으로 뒤흔들어 놓았던 상앙을 막 죽인 뒤여서 유세하고 변법하는 선비들을 싫어했던 것이 더 큰 이유로 작용했다. 그리하여 혜왕은 "새도 깃털이 자라지 않으면 높이 날 수 없소. 우리나라는 다스리는 이치가 밝혀지지 않았으니 천하를 통일할 수 없소."라며 소진의 제안을 거절했다.

소진은 다시 조나라로 발길을 돌려 수도 한단까지 머나먼 길을 갔다. 당시 열국 가운데 진나라와 가장 사이가 좋지 않았던 조나라를 소진은 일부러 찾아간 것이다. 그러나 조나라 숙후(肅侯)는 소진을 만나 주지도 않았다. 소진은 낙심하지 않고 다시 요서 지역과 국경을 맞대고 있는 연나라로 갔다. 연나라 문후(文侯)도 처음엔 만나 주지 않았으나 1년 동안 그곳에 머물며 기다린 소진의 정성에 마음을 움직여 소진에게 유세할 기회를 주었다. 문후 앞에 나섰을 때 소진은 연나라 백성들의 창고에 어떤 물건이 쌓여 있는지까지도 소상하게 파악하고 있던 터였다. 연나라의 내외 정세를 정확하게 짚어 낸 그의 유세는 문후의 마음을 열었다. 이후 소진은 연나라를 거점으로 해 수레, 금과 비단을 갖고 조나라 숙후에게 다시 와 치밀한 논리로 유세해 숙후의 마음을 움직이게 되고 조나라와의 합종을 맺게 해 진나라에 대항하자는 합종안을 관철시킨다. 진나라를 제외한 나머지 6개국의 이해관계를 틀어쥔 소진은 절대 약소국인 한(韓)나라를 설득할 때는 한나라의 뛰어난 무기들의 우수성을 거론하면서 소꼬리보다는 닭의 부리가 되라는 계구우후(鷄口牛後)논리로 왕을 설득시켰으며 인접한 약소국 위나라에는 진나라 속국이 되는 길이 치욕스럽지 않느냐고 하면서 다그쳐 동의를 이끌어 냈다. 마침내 소진의 노력에 의해 초나라와 제나라를 포함, 여섯 나라는 합종책을 받아들여 공동으로 진나라에 대항하면서 15년 동안 진나라 군대를 함곡관 밖으로 나오지 못하게 막는 데 성공했다.

제아무리 뛰어난 지략을 가지고 있어도 실현되지 않으면 무용지물이다. 더구나 현대는 경세치용의 사회, 지식이 부의 원천이 되는 시대가 아닌가. 꾹꾹 눌러 담아 놓은 지식을 풀어 온전히 활용하고 이루고자 하는 바를 얻기 위해서는 시대를 읽는 눈이 필요하다. 그리고 절묘한 시기에 기회를 잡아 주저 없이 뛰어들어라. 누군가 언젠가는 자기를 알아주리라는 헛된 기대는 버리는 것이 좋다. 큰 안목과 포부로 자신이 가진 능력을 스스로 펼쳐 보일 줄 아는 것도 능력이다.

■ 소진 (기원전 337~기원전 284)

전국 시대 중기의 유세가로서 합종책의 책사다. 낙양 사람이며 귀곡자에게 가르침을 받았는데 그 주요 텍스트가 『음부』라는 것이었다. 강병전승(强兵戰勝)의 기술을 논하고 있는 이 책을 1년쯤 공부하고 나서야 소진은 상대방의 심리를 알아내 설득하는 방법을 터득했다. 처음에는 진(秦)나라의 혜왕을 유세하는 데 실패했으나 연나라 문후(文侯)를 만나 유세에 처음 성공한 이후 나머지 5개국도 합종책에 동참하도록 설득해 냈다. 기원전 334년부터 기원전 320년까지 활동한 합종가(合縱家)로서 여섯 나라의 재상이 된다.

진퇴양난의 상황에서는
차라리 행동하라

선비가 귀하게 여겨지는 까닭

수서양단(首鼠兩端)이란 말이 있다. 쥐가 머리를 내놓고 주위를 두리번거리며 눈치를 보는 것처럼 머뭇거리는 모양새를 일컫는 말이다. 노중련은 제나라 맹상군의 식객으로 어느 날 조나라를 지나다가 진나라의 100만 대군에게 포위당해 어쩔 줄 몰라 하는 상황을 특유의 설득력으로 정면 돌파하게 만든 자다. 그의 두둑한 배짱을 한번 따라가 보기로 하자.

진나라 소왕은 장수 백기를 내세워 조나라 군사 40만을 무찌르고 수도 한단을 포위한다. 조나라는 주변국들에 도움을 요청했으나 모두들 진나라의 위세에 눌려 꼼짝하지 못했다. 위나라만이 원조병을 보냈는데 그나마 사태를 관망하더니 위나라 장군 신원연(新垣衍)이 은밀히 전국 4공자 중의 한 명인 조나라의 평원군(平原君) 조승(趙勝)을 만나 항복을 권우했다. 평원군은 빈객을 예우하기로 유명한 사람이었다.

그의 말로는 지금 진나라가 조나라 수도를 포위한 것은 땅을 욕심내서가 아니라 소왕이 제(帝)가 되고 싶을 뿐이라는 것이었다. 평원군은 이러지도 저러지도 못한 채 고민에 빠졌다. 마침 조나라를 지나던 노중련이 이 이야기를 듣고 평원군을 찾아가 신원연을 만나게 해 달라고 했다. 그를 꾸짖어 돌려보내겠다는 것이었다.

신원연은 노중련을 만나자마자 하인 열 명이 주인 한 명에게 복종하는 것은 주인을 두려워하기 때문이라면서 냉소적인 눈빛으로 쏘아보았다. 그러자 노중련은 침착한 어조로 다음과 같은 이야기를 들려주었다.

제나라 민왕이 작은 노나라를 방문하면서 천자에 맞는 예우로 자신을 대해 달라고 했으나 노나라는 성문을 닫아 버리고 민왕을 거부했다. 결국 민왕은 작은 추나라로 가 구겨진 자존심을 회복하려고 했다. 마침 추나라 군주가 죽어 상중이었는데 민왕이 '천자의 조문' 방식을 요구하자 추나라 신하들은 "차라리 우리가 칼에 거꾸러져 죽겠다."라며 거부했다.

이처럼 약한 나라들도 국가의 자존심을 지켜 냈는데 수레가 만 승(乘)이나 되는 큰 나라가 어찌하여 싸워 볼 생각도 하지 않고 항복을 구걸하느냐는 것이다. 노중련은 "당신이 지금 하려는 일은 삼진(三晉)의 대신들을 추나라와 노나라의 하인이나 첩만도 못하게 만드는 일"

이라고 질책했다.

이 말을 들은 신원연은 즉각 절을 두 번 하며 노중련을 으뜸가는 선비라고 칭송했다. 그가 진나라에 대항한다는 소식이 퍼지자 백기는 군사를 50리나 뒤로 물렸고, 결국 철군했다.

평원군은 공을 세운 노중련에게 봉지를 내리려 했지만 노중련은 받지 않았다. 평원군이 아쉬운 마음에 술자리를 마련하고 무르익은 분위기를 틈타 천금을 내놓으며 자신의 곁에서 큰일을 맡아 줄 것을 거듭 권했다. 그러나 노중련은 천하에서 선비가 대우받는 까닭을 아느냐며 끝내 거절하고 다시는 평원군을 만나지 않았다.

편지 한 통으로 항복시킨 지혜

또 이런 일도 있었다. 제나라의 요성(聊城)을 함락시키는 공을 세우고도 고국에 돌아가지 못하는 연나라 장군이 있었다. 그를 시기한 어떤 사람이 참소를 해 왕이 그의 충정을 의심했기 때문이다. 장군은 이러지도 저러지도 못하고 요성에 주저앉아 있었다. 그러자 제나라는 전단(田單)을 보내 요성을 1년 남짓 공격했지만, 수많은 병사들만 희생시켰을 뿐 요성을 함락시키지는 못했다.

그러자 노중련은 편지를 써서 화살 끝에 매달아 성안으로 쏘아 연나라 장수에게 보냈다.

"제가 듣건대 지혜로운 자는 때를 거슬러 유리한 기회를 놓치지 않고, 용감한 자는 죽음을 겁내어 명예를 훼손시키지 않으며, 충성스러운 신하는 자기 한 몸을 앞세워 군주를 뒤로하지 않는다고 합니다. 지듬 장군은 참소를 받은 한때의 분노를 못 참아 연나라 왕에게 좋은 신하가 없음을 알면서도 돌아가지 않고 있으니 이는 충성이 아닙니다. 요성을 잃고 장군도 죽게 된다면 제나라에 장군의 위엄을 떨칠 수 없으니 이는 용감함이 아닙니다. 또한 공이 허물어지고 명성을 잃게 되어 후세 사람들이 장군을 칭송하지 않게 되면 이는 지혜로운 행동이 아닙니다. 세상의 군주들은 이런 세 가지 행동을 한 사람을 신하로 쓰지 않고, 유세하는 선비들도 그러한 사람을 입에 올리지 않을 것입니다. 그래서 지혜로운 사람은 과감하게 결단을 내리고, 용감한 사람은 죽음을 두려워하지 않습니다. 장군은 지금 사느냐 죽느냐, 영예냐 오욕이냐, 부귀냐 천함이냐의 갈림길에 서 있습니다. 기회는 두 번 다시 오지 않습니다. 부디 깊이 생각하여 속된 사람들처럼 처신하지 마십시오.”

이 편지를 받은 장군은 노중련의 편지를 읽고 사흘 동안 흐느껴 울며 망설이다 결국 스스로 목숨을 끊고 말았다. 연나라로 돌아갈 수도 제나라에 항복할 수도 없었던 것이다. 전단은 마침내 요성을 무찌르고 돌아와 제나라 왕에게 노중련의 공적을 말하고 그에게 벼슬을 줄 것을 청했다. 그러나 노중련은 달아나 어느 바닷가에 숨어 살며 이렇게 말했다.

“나는 부귀로우면서 남에게 얽매여 사느니 차라리 가난할망정 세상을 가볍게 내 맘대로 살리라!”

이렇듯 노중련은 특유의 두둑한 배짱으로 독특하고도 획기적인 계책을 잘 쓰는 인물이었지만, 벼슬에는 나갈 마음이 없어 고상한 절개와 고고한 자세를 잃지 않았던 자였다. 선비 정신이란 무엇일까. 두둑한 배짱과 용기로 어떤 국면을 타개하도록 하면서도 그 나름의 꿋꿋한 소신을 갖고 청빈의 삶을 유지하는 것이 아닐까? 권력과 부에 얽매이지 않고 고고한 품성을 간직하고 살아가기에 재물이나 벼슬 따위의 유혹은 협상거리가 안 되는 법이다.

천하에서 선비가 귀하게 여겨지는 까닭은 다른 사람의 걱정거리를 덜어 주고 재앙을 없애 주며 다툼을 풀어 주고도 보상을 받지 않기 때문입니다. 만일 보상을 받는다면 이것은 장사꾼의 행위입니다.(所貴於天下之士者, 爲人排患釋難解紛亂而無取也. 即有取者, 是商賈之事也.) ―「노중련·추양 열전」

■ 노중련 (기원전 300?~기원전 250?)

전국 시대 말기의 제나라 사람으로 기묘하고도 획기적인 계책을 잘 내 알려진 사람이다. 노중련자(魯仲連子) 혹은 노련자(魯連子) 혹은 노련(魯連)이라고 한다. 삶에 대해 알려진 바가 거의 없으며 사마천도 간단히 그가 제나라 사람이고 마지막에 동해에 은둔했다는 것 정도만 언급하고 있다.

조^趙괄^括

탁상공론의 최후

헛된 소문에 휘둘리다

지도자의 순간적인 판단이 나라의 운명을 좌우하는 경우가 있다. 특히 전쟁이라는 국가의 중대사가 생기면 더욱 냉철하고 신중한 판단을 내리는 지혜가 요구된다. 무조건적으로 자신의 고집과 오만에 의해 주위의 대사를 그르치고 파국으로 이끈 예는 적지 않다.

「염파 · 인상여 열전」에도 이런 사례가 있다. 조나라 효성왕(孝成王) 때 진나라와 조나라 군대가 장평에서 대치했다. 조나라의 명장 조사 (趙奢)는 이미 세상을 떠났고 인상여는 병이 위독했다. 그래서 조나라 는 염파를 장군으로 삼아 진나라를 치도록 했다. 진나라 군대가 자주 조나라 군대를 깨뜨렸지만 조나라 군대는 보루의 벽만 튼튼히 할 뿐

나가 싸우지 않았다. 진나라 군대가 자주 싸움을 걸어와도 염파는 맞아 싸우지 않았다.

이때 조나라 왕은 진나라 첩자가 퍼뜨린 말을 듣고 믿게 됐는데 그 말은 이러했다. "진나라가 두려워하는 것은 오직 마복군(馬服君) 조사의 아들 조괄이 장군이 되는 일뿐이다." 그래서 조나라 왕은 염파 대신 조괄을 장군으로 삼으려 했다. 그러자 인상여가 만류했다. "조괄은 그저 자기 아버지가 남긴 병법 책을 읽었을 뿐 사태 변화에 대처할 줄은 모릅니다." 그러나 조나라 왕은 인상여의 말을 듣지 않고 조괄을 장군으로 삼았다.

이론만으로는 안 된다

조괄은 어릴 적부터 병법을 배워 군사에 대해 말하자면 이 세상에서 자기를 당할 자가 없다고 자만했다. 일찍이 그는 아버지 조사와 함께 군사 일을 토론한 적이 있는데, 조사는 그를 당해 낼 수 없었다. 그러나 조사는 그가 잘한다고 하지 않았다. 조괄의 어머니가 조사에게 그 까닭을 묻자, "전쟁이란 목숨을 거는 거요. 그런데 괄이 이놈은 전쟁을 너무 쉽게 말하오. 조나라가 괄을 장군으로 삼지 않으면 다행이지만 만일 장군으로 삼는다면 틀림없이 조나라 군대는 파멸할 것이오."라고 대답했다.

조괄이 떠나려고 할 때 그 어머니는 남편의 말이 생각나 왕에게 글을 올려 자신의 아들을 장군으로 삼으면 안 된다고 했다. 해괴한 생각이 든 왕이 무슨 이유냐고 묻자 조괄의 어머니는 조심스럽게 대답했다.

"괄의 아버지는 장군이었습니다. 직접 먹여 살리는 이가 수십 명이고, 벗이 된 사람은 수백 명이나 되었습니다. 왕이나 종실에서 상으로 내려 준 물품은 모두 군대의 벼슬아치나 사대부에게 주고, 출전 명령을 받으면 그날부터 집안일을 돌보지 않았습니다. 그런데 지금 제 아들은 하루아침에 장군이 되어 동쪽을 향해 앉아서 부하들의 인사를 받게 되었지만 군대의 벼슬아치 가운데 누구 하나 제 아들을 존경해 우러러보는 이가 없습니다. 아버지와 자식은 마음 씀씀이부터 다릅니다. 부디 왕께서는 제 아들을 보내지 마십시오."

그러나 왕은 이미 결정됐다며 간언을 일축했다. 그러자 조괄의 어머니는 아들이 혹 실패하더라도 연좌제를 묻지 말아 달라고 애원했으나 왕은 결정을 되돌리지 않았다.

조괄은 염파를 대신하게 되자 군령을 모두 바꾸고 군대의 벼슬아치를 모조리 교체했다. 진나라 장군 백기가 이 소식을 듣고 기병을 보내 거짓으로 달아나는 척하면서 조나라 군대의 식량 운송로를 끊고 조나라 군대를 둘로 나뉘게 했다. 병졸들의 마음은 조괄에게서 떠나갔다. 40여 일이 지나자 조나라 군사들은 굶어 죽어 갔다. 조괄이 정예 부대를 앞세우고 직접 싸우러 나갔지만 진나라 군사가 쏜 화살에 맞아 죽고 말았다. 조나라 군대는 싸움에서 지고 수십만 명이 진나라에 항복했다. 진나라는 이들을 모두 땅에 묻어 죽였다. 이듬해 진나라 군대는 드디어 한단을 포위했고, 한단은 1년 남짓 포위 속에서 벗어날 수 없었다. 조나라는 초나라와 위나라 제후들의 구원으로 겨우 한단의 포위망을 풀었다. 조나라 왕은 조괄의 어머니가 앞서 한 말 때문에 그녀를 죽이지 않았다.

경험은 대단히 소중한 자산이다. 어떤 일을 겪어 보지 않고 함부로 논할 수 없다는 말은 인간이 절대 위기를 겪으면 평소의 경험이 고스란히 드러나기 때문에 생겨난 것이다. 조괄 어머니의 차가운 이성도 배울 점이 있다. 자식이라고 해서 무조건 두둔하지 않는 서릿발 같은 냉철함은 평소 냉정한 자기 검열의 과정 없이 터득하기 어려운 삶의 지혜다.

왕께서는 명성만 믿고 조괄을 쓰시려 하는데, 이는 거문고의 괘를 아교로 붙여서 고정시키고 연주하는 것과 같습니다.(王以名使括, 若膠柱而鼓瑟耳.) —「염파·인상여 열전」

■ 조괄 (?~기원전 260)

전국 시대 조나라 장수로 명장 조사의 아들인데 탁상공론형 이론가에 불과하여 그의 어머니가 장수되는 것에 극력으로 반대할 정도였다. 결국 전쟁에 나가 장평 전투에서 진나라의 장수 백기에게 패배하여, 종이 위에서 병법을 논한다는 뜻의 지상담병(紙上談兵)이란 고사성어를 낳게 한 인물이다.

기발함으로 허를 찌르다

정공법보다는 기습법이다

『노자』에 "장차 접으려면 먼저 펴야 하고, 장차 약화시키려면 반드시 먼저 강하게 하며, 장차 없애려면 반드시 먼저 떨쳐 일어나게 하고, 장차 빼앗으려면 반드시 먼저 줘야 한다. 이런 것이 미묘하고 깊은 도이다."라고 했다.

승산 없는 싸움은 피해야지 명분이라는 무모함에 사로잡히지 말라는 것도 용병의 제1원칙이다. 조조는 『손자병법』에 주석을 달면서 이 대목에서 몇 가지를 부연했다. "5분의 3의 병력일 때는 적의 정면을 공격하는 정공법을 취하고, 5분의 2일 때는 적이 도망칠 가능성이 있는 후퇴로에 매복하는 기습을 하라." 병력 차이가 2배일 때 손자는 적을 분산하라고 했으나 조조는 군대를 절반으로 나누어 전방과 후방 양쪽에서 기습하여 무찌를 것을 주문했다.

연나라 소왕은 악의(樂毅)를 상장군으로 삼아 다섯 나라의 병사들을 이끌고 제나라를 공격해 수도 임치와 70여 개의 성을 함락했다. 제나라는 거(莒)와 즉묵(卽墨) 두 성만을 지키고 있었고 민왕 또한 피살됐다. 이때 전단은 즉묵성 대부들의 강력한 추천으로 장군에 올랐다.

사마천에 의하면 전단은 시장 감독관 출신으로 무명의 인물이었는데 연나라와의 전쟁에서 남들이 생각하지 못하는 기지를 발휘해 장수가 됐다. 그는 얼마 후 연나라 소왕에 이어 왕위에 오른 혜왕이 장군 악의와 사이가 좋지 않다는 점을 눈치채고 첩자를 보내 악의가 제나라를 친다는 명분을 내세우지만 속으로는 제나라 왕이 되려 한다는 소문을 퍼뜨리게 했다.

혜왕은 이 소문을 믿고 악의 대신 기겁(騎劫)을 장수로 임명했다. 악의가 불안한 나머지 조나라로 귀순해 버리자 연나라 군사들은 분통을 터트리며 불안해했다. 즉묵성 백성들도 불안하기는 마찬가지였다. 외형상 연나라 전력이 우세했기 때문이다. 더구나 연나라 군사들이 제나라 포로들의 코를 베어 버리는 일을 저지르자 백성들이 두려움에 떨었다. 이들이 즉묵성 안의 무덤을 파헤쳐 욕을 보이는 일까지 벌이자 제나라 사람들의 분노는 하늘을 찔렀다.

정공법으로는 도저히 승산이 없다고 느낀 전단은 전력을 철저히 숨기다가 기습하는 전법을 취했다. 자신의 처와 첩도 군대 속에 끼워 넣고, 무장한 병사를 모두 숨게 했다. 노약자와 부녀자들만 성 안에 오르게 한 뒤 항복하자 연나라 군사들이 만세를 불렀다. 그 틈에 2만 냥의 거금을 연나라 장수에게 보내니 적군의 마음이 풀어졌다.

기묘한 계책을 내다

이때 전단은 화우진(火牛陣)이란 전법을 구상하고 있었다. 그 전략은 이렇다. 소 1000여 마리에게 붉은 비단에 오색으로 용무늬를 그려 넣은 옷을 입히고, 쇠뿔에는 칼날을 달고, 소꼬리에는 갈대를 매달아 기름을 붓고 그 끝에 불을 붙였다. 그러고는 성벽에 구멍을 수십 개 뚫어 밤을 틈타 그 구멍으로 소를 내보내고 장사 5000명이 뒤따르게 했다.

꼬리가 뜨거워진 소가 연나라 군대의 진영으로 뛰어들어가니 연나라 군사들은 한밤중에 크게 놀랐다. 소꼬리에 붙은 횃불이 빛을 발하자 용의 모습 같았다. 연나라 군사들은 쇠뿔에 받히는 대로 죽거나 부상을 당했다. 게다가 장사 5000명이 북을 울리며 함성을 질렀다. 노인과 아이들도 모두 구리 그릇을 두들기며 성원을 보냈다. 그 소리가 천지를 뒤흔드는 것 같았다. 연나라 군사들은 소스라치게 놀라 우왕좌왕했다.

제나라 사람들이 연나라 장수 기겁을 죽이자 병졸들이 정신없이 달아났다. 제나라 사람들은 도망가는 적을 뒤쫓았다. 그들이 지나가는 성과 고을마다 연나라에 반기를 들고 전단에게 귀순했다.

화우진 전략으로 승리를 이끈 전단은 나중에 안평군(安平君)에 봉해진다. 사마천은 전국 시대 장수 전단이 생사존망의 기로에 있던 제나라를 구하는 장면을 이렇게 묘사한다.

"기이한 계책과 정공법이 서로 어우러져 쓰이는 것은 마치 끝이 없는 둥근 고리 같다. 대체로 기이한 병법은 처음에는 처녀처럼 약하게 보여 적군이 (얕잡아 보고) 문을 열어 두게 하지만, 나중에는 그물을 벗어난 토끼처럼 날래져서 적이 막으려고 해도 막을 수 없다. 이는 전단의 용병법을 두고 한 말일 것이다."(「전단 열전」)

전략의 유연성이란 적을 다루고 병력을 운용하는 데 있어 일반적인 개념을 벗어나고 정해진 유형을 피하는 것이다. 이와 함께 적진의 사정을 정확히 파악하는 일은 빼놓을 수 없는 승리 요건이다. '기이한 계책과 정공법이 서로 어우러진' 전단의 비책은 손자가 강조한 허실 운용의 훌륭한 예임에라.

■ 전단 (?~?)

성은 규(嬀)이고 전씨이다. 전국 시대 전제(田齊)의 먼 후손으로 수도 임치의 낮은 벼슬아치도 했으나 알아주는 이가 없었다고 한다. 그러나 그는 비상한 지혜와 군사적 재능의 소유자를 가지고 손자의 기습법을 바탕으로 한 전술을 익혔으며 구체적 전례가 바로 화우진이다.

자기 확신이 호연지기를 키운다

죽음을 알면 용기가 솟아난다

전국 시대 말에 이르러 진나라는 강력한 변법과 법치를 내세워 독존 체제를 구축하고 천하 통일을 위한 고지로 내닫고 있었다. 진나라 동쪽에 있던 여섯 나라가 저마다 쇠약해지는 국력에 초조해하면서 어떻게든 진나라와 손잡아 보려고 안간힘을 썼다. 그 와중에 조나라에는 용기와 지혜를 겸비한 인상여라는 인물이 나와 진나라의 오만방자함을 일시나마 잠재우고 나라의 자존심을 세워 주었다.

조나라 혜문왕은 어느 날 초나라의 보물 화씨벽(和氏璧)을 손에 넣었다. 그것이 혜문왕의 손에 들어온 것이 화근의 씨앗이었다. 마침 진나라 소공(昭公)은 강력한 국방력을 내세워 빼앗은 진나라 성 열다섯

기와 화씨벽을 맞바꾸자는 제안을 했다.

혜문왕이 대장군 염파를 비롯한 대신들과 상의했더니 이런 의견이 나왔다. 화씨벽을 주자니 진나라에 성을 되돌려받지 못할 것이고, 주지 않자니 이것을 빌미로 진나라 군대가 쳐들어올 것이라는 것이었다. 뾰족한 해결책이 없어 고민하고 있을 때 환관의 우두머리격인 무현(繆賢)이 자신의 사인(舍人)인 인상여를 사신으로 파견하자고 제안했다. 내키지 않았지만 혜문왕은 다음과 같은 인상여의 말에 보내기로 결정했다.

"진나라가 성을 내주는 조건으로 화씨벽을 달라고 했는데, 조나라에서 이를 받아들이지 않으면 잘못은 조나라에 있게 됩니다. 그러나 조나라에서 화씨벽을 보내 주었는데도 진나라가 조나라에 성을 주지 않으면 잘못은 진나라에 있게 됩니다. 이 두 가지 대책을 비교해 볼 때 차라리 요구를 받아들여 잘못의 책임을 진나라에 덮어씌우는 편이 낫습니다."

진나라에 도착한 인상여가 화씨벽을 바치자 진왕은 기뻐하며 신하와 비빈들에게 차례대로 돌려 가며 화씨벽을 만져 보게 하고 회심의 미소를 지었다. 이런 모습을 본 인상여는 진왕이 성을 내줄 마음이 없다는 것을 깨달았다. 인상여는 기지를 발휘해 구슬에 작은 흠이 있다며 구슬을 냉큼 취하고는 궁궐 기둥으로 다가가 머리카락이 치솟아 관을 찌를 만큼 화를 내며 진왕에게 일갈했다.

"조나라 신하들이 화씨벽 내주기를 저어하자 제가 말했습니다. '일반 백성의 사귐에도 서로 속이지 않거늘 큰 나라끼리 사귀는데 그럴 수 있겠는가.' 그래서 조나라 왕은 닷새 동안 재계(齋戒)한 뒤 신을 보냈습니다. 큰 나라의 위엄을 존중해 존경하는 마음을 다하려 한 것입니다. 그런데 왕께서는 신을 별궁에서 만나고 하찮게 여기며 거만하십니다. 그리고 화씨벽을 받으시고는 비빈들에게 차례로 건네주면서 신을 희롱했습니다. 신은 왕이 조나라에 성을 내줄 마음이 없음을 알았습니다. 만일 신을 협박하신다면 신의 머리는 지금 이 화씨벽과 함께 기둥에 부딪쳐 깨질 것입니다."

인상여의 기백에 놀란 진왕은 주위 사람들에게 성을 내주라는 눈짓을 했다. 그러나 인상여는 이 말 역시 거짓이라고 판단하고 진왕에게 닷새 동안 재계하고 구빈(九賓)의 예를 행해야만 그 말을 믿겠노라고 말했다. 그제야 진왕은 화씨벽을 손아귀에 넣을 수 없음을 알고는 인상여를 닷새 동안 잘 대우해 줬다.

닷새가 지나자 인상여는 태연히 진왕에게 가서 화씨벽은 이미 조나라에 보내 버렸다고 했다. 그러자 진나라 신하들은 허탈해하면서 인상여를 형벌로 다스려야 한다고 했다. 진왕은 조나라와의 우호 관계를 위해 분을 삭이며 인상여를 예우하고 조나라로 무사히 돌아가게 했다. 다른 신하들이 후환을 두려워했으나 진나라는 끝내 조나라에 성을 내주지 않았고 조나라도 화씨벽을 진나라에 주지 않았다. 전쟁을 하지 않으면서 조나라는 명분도 세우고 자존심도 지켰으니, 진나라는 확실한 판정패였던 것이다.

염파와 문경지교를 맺다

조나라로 돌아온 인상여는 상대부가 됐다. 하루아침에 환관의 사인에서 지위가 수직 상승한 것이었다. 그런 인상여를 시기한 자가 있었으니 바로 친구 염파였다. 염파는 이런 생각이었다. '나는 조나라의 장군이 되어 성의 요새나 들에서 적과 싸워 큰 공을 세웠다. 그러나 인상여는 겨우 혀와 입만을 놀렸을 뿐인데 지위가 나보다 높다. 또 상여는 본래 미천한 출신이니, 나는 부끄러워서 차마 그의 밑에 있을 수 없다.'

인상여는 자신에게 모욕을 주고자 맘먹은 염파와 마주치지 않으려고 했다. 인상여는 조회가 있을 때마다 항상 병을 핑계 삼아 염파와 서열을 다투려 하지 않았을 뿐 아니라, 외출할 때도 멀리서 염파가 보이면 수레를 끌어 숨어 버릴 정도였다. 그러던 어느 날 인상여는 주위 사람들에게 속내를 드러냈다. "내가 염파를 피하는 이유는 나라의 위급함을 먼저 생각하고 사사로운 원망을 뒤로하기 때문이오."

그러자 염파는 자신이 잘못 생각한 것임을 깨닫고는 웃옷을 벗어던진 채 가시 채찍을 짊어지고 인상여의 집에 가서 자신의 행동이 무례했음을 사죄했다. 인상여 역시 너그럽게 용서해 두 사람은 평생의 지기가 되었다. 문경지교(刎頸之交)란 말은 여기에서 나왔다.

죽음 앞에서 용기를 발휘한다는 것이 결코 쉽지 않지만, 그런 과정을 거치지 않고 큰일이 이루어지는 경우는 거의 없다. 지피지기할 수 있는 지혜를 갖고 있고 자신의 판단에 대한 확신이 섰을 때 용기 있는 행동이 이루어진다. 자기를 믿는 사람, 자신이 행동할 바를 정확히 아는 사람에게서는 상대를 압도하는 호연지기의 기운이 절로 풍겨나는 법이다.

죽음을 알면 반드시 용기가 솟아나게 된다. 죽는 것 그 자체가
어려운 것이 아니고 죽음에 대처하기가 어려운 것이다.(知死必勇,
非死者難也, 處死者難.) ──「염파·인상여 열전」

■ 인상여 (?~?)

전국 시대 조나라 환관의 우두머리 무현(繆賢)의 가신 출신으로 지혜와 용기를
겸한 배짱 있는 선비다. 조나라 혜문왕 때, 진(秦)나라 소양왕(昭襄王, 소왕)에게 빼
앗길 뻔한 화씨벽을 무사히 가지고 돌아온 공으로 상대부(上大夫)로 임명되었다.

처세

높은 곳에 오를수록
발아래를 살펴라

절대 권력자의 신임을 얻었건만

중국을 대표하는 명물 만리장성은 중국인의 자부심의 상징처럼 보이지만, 사실 북방 유목민과의 끊임없는 전쟁, 이민족과의 문화적 격절을 규정하는 흉물스러운 구조물이기도 하다. 인류 최대의 토목 공사로 이룩된 이 만리장성을 쌓은 인물은 바로 몽염이다.

몽염의 조상은 제나라 사람이며 그의 할아버지인 몽오는 뛰어난 장수로서 조나라 성읍을 37개나 빼앗는 공을 세웠다. 아버지 몽무도 진나라 부장군이 되어 초나라를 쳐서 초나라 장수 항연을 죽였다. 무인의 집안에서 자란 몽염은 법률을 배워 소송 문건을 처리하는 일을 좋아했다. 몽염에게는 몽의(蒙毅)라는 동생이 있었는데 그는 법 이론에

만 정통했다.

몽염은 진시황의 명을 받아 군사 30만 명을 이끌고 북쪽으로 가서 융적을 쫓아 버리고 하남을 차지하여 장성을 쌓는 임무를 맡았다. 그는 장성을 쌓으면서 지형과 산세의 기복에 따라 요새를 만들었으며 1만여 리나 되는 기나긴 성벽을 구축했다. 그런 후 황하를 건너 흉노의 근거지인 북쪽으로 치고 올라갔다. 몽염의 충정에 진시황은 강력한 성원과 지지를 보냈다. 몽염의 후광을 입은 동생 몽의도 지위가 상경에까지 올랐다.

진시황이 50세의 나이로 객사하면서 "군대는 몽염에게 맡기고 함양으로 와서 내 유해를 맞이하여 장례를 지내라."라는 유서를 남길 정도로 몽염에 대한 그의 신임은 컸다. 그러나 이 유서가 든 편지가 사자에게 전해지기 전에 진시황은 세상을 떠났고 편지와 옥새가 환관 조고의 손에 들어가면서 몽염은 한순간에 나락으로 떨어진다. 몽염의 위세에 숨 죽이고 있던 자들은 어느 틈에 몽염 형제의 적이 돼 버렸다. 특히 조고는 몽의와 깊은 악연이 있었으니 조고가 대죄를 지었을 때 생전의 진시황은 몽의에게 의견을 물었는데, 몽의의 답은 조고를 사형에 처해야 한다는 것이었다. 그로 인해 조고는 환관의 명부에서 삭제되고 형장의 이슬로 사라질 운명에 처해졌으나 진시황은 조고의 뛰어난 능력을 높이 사 사형을 면하게 하고 그의 관직과 작위를 회복시켜 주었던 것이다.

위만 보고 가다가는 중심을 잃는다

절대 권력자가 없는 궁궐은 조고의 천하가 돼 버렸다. 그는 진시황의 유서를 위조하면서 "장군 몽염은 부소(진시황의 맏아들)와 함께 밖에 있으면서 부소를 바로잡지 못했으며, 마땅히 부소가 꾀하는 바를 알았을 터이다. 신하로서 충성하지 못하였기에 스스로 목숨을 끊도록 명하며, 군사는 비장 왕이에게 맡기도록 하라."라는 명을 내린다. 이어 부소는 반란의 누명을 쓰고 자결했으나 몽염은 억울함을 호소하며 죽기를 거부하자 그를 양주의 옥에 가두어 버린다.

몽염은 더는 과거의 막강한 실권자가 아니었고 조고, 라이벌 이사 등의 일거수일투족을 살펴야 하는 궁색한 처지가 됐다. 아니나 다를까, 몽염 제거에 실패한 조고는 먼저 몽의를 제거하고자 황자 호해에게 "신이 듣건대 선제(진시황)께서는 황자의 현명함을 들어 태자로 세우려 한 지 오래되었습니다만 몽의가 '옳지 않습니다.'라고 간했다고 합니다."라고 음해하면서 그를 죽여야 한다고 했다. 호해는 참소를 핑계거리 삼아 즉시 몽의를 대(代) 땅의 옥에 가둔 뒤 결국 어사대부를 보내 죽음을 내리고자 한다. 조고의 검은 속을 잘 아는 몽의는 자신에게 자살을 명하러 온 사신에게 자신은 아무런 죄도 없으니 정당한 죄로 죽게 해 달라고 말하지만 아무 소용이 없었다.

몽염에게도 죽음의 그림자는 다가왔다. 조고는 이세황제 호해를 가까이 모시면서 밤낮으로 몽염을 헐뜯고 죄와 허물을 들추어내어 탄핵했다. 결국 몽염은 "내가 하늘에 무슨 죄를 지었기에 잘못도 없이 죽어야 한단 말인가?"라고 한탄하면서 만리장성을 쌓을 때 지맥을 끊어 놓은 것이 업보였을 것이라는 한스러운 말을 남기며 감옥에서 약을 먹고 죽는다.

진시황의 총애를 입으며 수많은 승전고를 울린 장수로서, 첫 통일 제국의 정책 수립에 참여한 충신으로서 몽염은 오직 왕만을 바라보며 모든 것을 걸었다. 어디까지나 신하 된 도리에 충실했기에 그는 강요된 죽음 앞에서 억울했는지 모른다. 그러나 사마천의 말처럼 몽염은 명망 있는 장수로서 전쟁에 지친 백성을 위무하고 구제할 수 있도록 진시황을 이끌어야 했으나 도리어 진시황의 야심에 영합하여 무리한 공사를 일으켰으니 하늘이 그 대가를 치르게 한 것이 아닐까. 무작정 왕만을 바라보던 몽염은 그 빛을 잃자 길을 잃었고 결국 만리장성 구축의 희생이 되어 버린 힘없는 백성들처럼 초라한 모습으로 사그라졌다.

높은 곳에 오를수록 시야는 넓어지는 법이다. 그러나 몽염은 높은 곳에 올라서도 아래를 보지 않았고, 아래를 널리 보고 헤아려야 한다는 세상 이치를 생각지 못했다. 비단 지위나 충심에만 해당되는 것이 아니다. 자신이 생각한 목표, 성공에 가까워질수록 더욱 큰 시야를 가지고 주위를 아우를 줄 알아야 한다. 우리는 과연 인생의 종착점에서 어떤 말을 하게 될지 현재 삶의 위치를 한번쯤 되짚어 보자.

■ 몽염 (?~기원전 210)

제나라 출신으로 성은 희(姬)이고 이름이 염(恬)이다. 진시황 때의 충직한 장수로서 중국 최고의 용장으로 기록될 만큼 이름이 알려져 있다. 제나라 군대를 패퇴시키고 흉노를 정벌하는 데 크게 활약한 기개 있는 장수로 만리장성을 만들고 북쪽 변경 수비에 힘썼다. 진시황 사후 모함으로 투옥되어 자결했다.

교만이 불치병이다

스스로 일어날 수 있도록 하다

조짐(兆朕)이란 말이 있다. 실체가 드러나지 않은 채 느껴지는 기운이다. 특히 병은 그 실체가 감추어져 있으면서 독버섯처럼 자라고, 실체를 알았을 때는 손쓸 겨를도 없이 목숨을 앗아가 버린다. 이런 조짐을 미리 알고 대처하는 사람이 명의다. 그중 "나는 죽은 사람을 살려 내지는 못한다. 이는 내가 스스로 살 수 있는 사람을 일어날 수 있도록 한 것뿐."(「편작·창공 열전」)이라는 명언을 남긴 중국의 편작처럼 신비스러움을 간직한 의사도 드물다. 편작의 이 말은 겸양하는 뜻도 있겠지만, 중심 골자는 죽은 자는 살려 낼 수 없다는 데 있는 듯하다. 어떤 상황이든 손쓸 수 없는 경지에 이르면 그땐 어떤 처방도 효험이 없다는 평범한 진리 말이다.

편작은 젊었을 때 여관의 관리인으로 일했다. 객사에 장상군(長桑君)이란 자가 와서 머물곤 했는데 편작은 그를 특이한 인물로 여겨 정중하게 대했다. 장상군은 객사를 드나든 지 열흘 남짓 되었을 때 편작을 불러 은밀히 말했다.

"내가 비밀스럽게 전해 오는 의술의 비방을 가지고 있는데 이제 늙어 그대에게 전해 주고 싶구려."

이 말을 들은 편작은 "비밀을 지키겠다."라고 다짐했다. 그러자 장상군은 품 안에서 약을 꺼내 편작에게 주면서 "이 약을 땅에 떨어지지 않은 물에 타서 마신 뒤 30일이 지나면 사물을 꿰뚫어 볼 수 있는 능력이 생길 것"이라는 믿기 어려운 말과 함께 자신의 의서를 모두 편작에게 주고 홀연히 사라졌다.

장상군의 말대로 약을 먹은 지 30일이 지나자 담장 너머 저편에 숨어 있는 사람이 보였다. 투시력으로 환자를 진찰하니 오장 속 질병의 뿌리가 훤히 보였다. 겉으로는 맥을 짚어 보는 척했지만 사실은 누구도 모르는 비방을 간직하고 있었다. 그는 곧 천하의 명의가 되었다.

그도 사람의 고집은 고치지 못했다

편작이 제나라로 갔을 때의 일이다. 환후(桓侯)라는 왕이 편작을 빈객으로 예우했는데, 편작이 그를 보더니 대뜸 "왕께서는 피부에 병이 있는데 치료하지 않으면 더욱 깊어질 것입니다."라고 말했다. 환후는 자신에게 질병이 없다며 "의원이란 자가 이익을 탐해 병도 없는 사람을 두고 공을 세우려 한다."라고 헐뜯었다.

닷새가 지나 편작이 다시 환후를 찾아가 "왕께서는 혈맥에 병이 있습니다. 지금 치료하지 않으면 병이 더욱 깊어질 것입니다."라고 말하자 마음이 상한 환후는 방문을 닫고 들어가 버렸다. 닷새 뒤에 편작이 다시 찾아왔다. 이번에는 좀 더 심각한 어조로 장과 위 사이에 병이 있으니 치료하지 않으면 깊은 곳까지 들어간다고 말했다. 그러나 환후는 아무런 대답을 하지 않고 편작을 돌려보냈다.

다시 닷새 뒤에 편작이 찾아와 환후를 쳐다만 보고 그냥 물러나오며 아무런 말을 하지 않았다. 이상한 생각이 든 환후가 사람을 보내그 까닭을 묻자 이렇게 대답했다.

"병이 피부에 있을 때는 탕약과 고약으로 고칠 수 있고, 혈맥에 있을 때는 쇠침과 돌침으로 치료할 수 있으며, 장과 위에 있을 때는 약주(藥酒)로 고칠 수 있습니다. 그러나 병이 골수까지 들어가면 사명(司命, 인간의 생명을 주관하는 고대 전설 속의 신)도 어찌할 수 없습니다. 지금은 병이 골수까지 들어가 있기 때문에 저는 더 이상 드릴 말씀이 없었던 것입니다."

환후는 편작을 찾았으나 그는 이미 자리를 피해 떠난 뒤였다. 환후는 결국 치료도 못 해 보고 죽었다. 병입골수(病入骨髓)란 말은 여기서나온 것이다.

사마천은 이를 두고 고칠 수 없는 병이 여섯 가지가 있다고 했다.

"교만하고 방자하여 병의 원리를 논하지 않는 것이 첫 번째 불치병이고, 몸을 가벼이 여기고 재물이 아까워 병을 치료하지 않는 것이 두 번째 불치병이며, 입고 먹는 것을 적절하게 하지 못하는 것이 세 번째 불치병이고, 음과 양이 함께 있어 오장의 기가 불안정한 것이 네 번째 불치병이다. 몸이 극도로 허약하여 약을 먹을 수 없는 것이 다섯 번째 불치병이고, 무당의 말만 믿고 의사를 믿지 않는 것이 여섯 번째 불치병이다. 이러한 것 가운데 하나만 있어도 치료하기 매우 어렵다.”(「편작 · 창공 열전」)

인간이란 자신에게 화가 들이닥쳐도 그 심각성을 알지 못하는 경우가 많다. 타이타닉호의 침몰에서 보듯 거대한 빙하가 물 위로 드러난 것은 그야말로 일각에 불과하다는 사실을 알지 못했기 때문이다. 변변한 대처드 못 해 보고 죽은 환후는 자신의 판단만을 과신하는 어리석음 때문에 화를 당한 것이다.

■ 편작 (?~?)

전설적인 명의로서 발해군(勃海郡) 막읍 사람이다. 성은 진(秦)이고 이름은 월인(越人)이다. 젊었을 때는 여관의 관리인으로 일하기도 했다. 장상군이란 자에게 오장을 꿰뚫어 보는 비방을 전수받아 제나라 환후(桓侯)의 질병도 한눈에 알아보는 신통력을 발휘하기도 했다. 그는 진나라의 태의령(太醫令, 의약 행정의 최고 담당자) 이혜(李醯)의 시기를 받아 결국 살해되었다고 하며, 그가 전한 맥법이 오늘날까지도 전해 온다.

늘 낮은 자세로
권력을 경계하라

사냥꾼의 공로

성공은 한순간의 방심에 날아가 버린다. 얻기는 힘들고 놓치기는 쉬운 법이다. 설마 하는 마음이 들 때는 이미 냉정한 판단을 이미 잃어버린 상태이며, 거기서 끝내 설마에 기대어 상식의 처분을 기다린다면 십중팔구 그로 인해 쓰디쓴 낭패를 보게 된다.

소하(蕭何)는 한 고조 유방의 오랜 친구로서 유방이 기병할 때부터 줄곧 그를 도와 한나라를 세운 다섯 공신 가운데 으뜸이었다. "성공해도 소하요, 실패해도 소하."라는 말이 있을 정도로 창업에서 그의 위상은 절대적이었다. 불후의 공적을 세웠던 그였으나 조정 무관들의 견제와 함께 유방의 끊임없는 의심을 받아 전전긍긍하면서도 결국 무난히 난세를 살다 간 인물이다.

「소 상국 세가」에 의하면, 소하는 법률에 통달했으며 일처리 하는 것이 공평했고 유방이 벼슬하지 않고 있을 때 벼슬아치 신분으로 그를 보호해 주었다. 유방이 정장이 되었을 때에도 소하는 늘 그의 곁에 있었으며 유방이 벼슬하러 함양에 갈 때도 남들보다 더 많은 500전을 챙겨 주었다고 한다.

유방이 군대를 일으켜 진나라의 성을 함락시켰을 때에도 여러 장수들은 모두 재물이 있는 창고로 달려가 그것들을 나누어 가지려 했으나, 소하는 진나라 승상부(丞相府)와 어사부(御史府)의 법령과 도서들을 거두어서 감추었다. 유방이 한왕(漢王)이 되자 소하는 승상이 되었다. 함양이 불타 모든 문서가 사라졌으나 소하가 확보한 자료를 통해 유방은 요새의 위치나 인구수 등을 소상히 알 수 있었다. 유방이 군사를 이끌고 동쪽 삼진을 평정할 때도, 소하는 승상으로 남아 파촉을 지키면서, 지역을 안정시키며 보좌했다. 그는 법령과 규약 등을 만들 때도 유방의 재가를 받고 나서 일을 처리하여 절대적인 신임을 얻게 되었다. 한나라가 세워지고 논공행상을 하는 자리에서 신하들은 저마다 공을 내세우며 소하의 공을 첫 번째로 두려는 유방에게 이의 제기를 해 댔다. 자신들은 비바람이 몰아치는 차디찬 전장에서 많게는 일백 번, 적게는 수십 번을 싸워 성을 공격하고 땅도 빼앗았지만 그동안 소하는 겨우 글이나 읽으면서 의논이나 했는데도 그에게 최상위 등급을 줄 수 있느냐는 것이었다. 그러자 유방은 사냥개와 사냥의 차이를 비유로 들어 이렇게 말했다.

"사냥에서 들짐승과 토끼를 쫓아가 죽이는 것은 사냥개이지만, 개 줄을 풀어 짐승이 있는 곳을 알려 주는 것은 사람이오. 지금 여러분들은 한갓 들짐승에게만 달려갈 수 있는 자들뿐이니, 공로는 마치 사냥개와 같소. 소하로 말하면 개의 줄을 놓아 방향을 알려 주니, 공로는 사냥꾼과 같소."(「소 상국 세가」)

주인이 있는 조직의 특징을 가장 냉혹하게 요약한 말이 아닐 수 없다. 그러니 한신도 들짐승이 없어지면 사냥개를 삶아 죽인다고 하지 않았던가!

여러 신하들은 모두 감히 아무 말도 하지 못했다. 결국 유방은 소하를 첫 번째로 하고, 소하가 칼을 차고 신을 신고 궁전에 오를 수 있도록 할 정도로 예우했다.

몇 년 후 진희와 회음후 한신이 모반했다가 주살되는 사건이 일어나자, 유방은 모반 평정에 공을 세운 소하에게 식읍 5000호를 더하고 군사 500명과 도위 1명을 보내 상국의 호위병으로 삼도록 했다. 모두들 소하를 축하했다. 그런데 소평(召平)이란 자는 소하에게 유방이 그를 떠보려 하는 것이니 봉읍을 받지도 말고 오히려 당신의 재산을 군비에 보태라고 조언했다. 소하는 그대로 따랐다. 아니나 다를까 유방은 소하의 일거수일투족을 감시하면서 그의 동태를 살폈다. 소하는 정권과 거리를 두면서 자신에게 다가올 화살을 피해 갔다.

사이가 좋지 않은 자를 추천하다

소하는 평소 조참(曹參)과 사이가 좋지 못했다. 소하가 병이 들자,

혜제는 친히 소하를 문병하면서 "그대가 만약 죽는다면 누가 그대를 대신할 수 있겠는가?" 하고 물었다. 그러면서 혜제는 소하가 조참과 사이가 좋지 않다는 걸 알고도 조참이 어떻겠느냐 떠보았다. 그러자 소하는 "폐하께서는 잘 택하셨습니다. 신은 죽어도 여한이 없습니다!"라고 대답했다. 소하의 인품을 엿볼 수 있는 대목이다.

청렴결백한 소하는 자신이 밭과 집을 살 때 반드시 외딴 곳에 마련했고, 집을 지을 때에도 담장을 치지 않았을 정도로 검소했다. 소하가 죽으면서 남긴 말은 "후세가 어질면 나의 검소함을 스승으로 삼을 것이고, 어질지 못해도 권세 있는 가문에 의해 빼앗기지는 말지어다."였다.

정권이 탄생하고 그 정권의 일등 공신이 되어 그에 합당한 대우를 받는 것은 개인에게는 영광스러운 일이다. 그러나 늘 그것을 시기하는 무리들은 존재하기 마련이고 게다가 권력자의 불신과 감시마저 받게 되는 경우 처신은 더더욱 힘들 수 있다. 그러나 만일 소하의 경우에서 보듯 버려야 할 곳과 버릴 것을 알고 청렴하고 소신 있게 일한다면 큰 화는 피할 수 있지 않을까?

직책상 만일 백성들에게 편리함이 있어서 백성들을 위하여 요청한 것은 진정 재상의 일인데 폐하께서는 어찌하여 상국이 상인들의 돈을 받았다고 의심하십니까? (중략) 진시황은 자신의 과실을 듣지 않아 천하를 잃었고, 이사가 허물을 나누어 맡는 것도 무슨 본받을 만한 일이겠습니까! 폐하께서는 어찌하여 재상을 의심하는 수준이 이다지도 낮습니까?(夫職事苟有便於民而請之, 眞宰相事, 陛下奈何乃疑相國受賈人錢乎! …… 且秦以不聞其過亡天下, 李斯之分過, 又何足法哉, 陛下何疑宰相之淺也.) ─「소 상국 세가」

■ 소하 (?~기원전 193)

패군(沛郡) 풍현(豊縣)사람으로 고조 유방에게 많은 도움을 주었다가 재상까지 오른 자다. 초한 쟁패 과정에서 군대의 식량 보급 등을 책임진 살림꾼이었다. 유방이 함양에 입성할 때 많은 문서들을 손에 넣어 한나라의 문치에도 기여했다. 장량, 한신, 조참 등과 함께 한나라 개국 공신으로 꼽히며, 그중에서도 최고 대우를 받아 찬후(酇侯)로 봉해지고 식읍 7000호를 하사받았으며 그의 일족들도 식읍을 받았다. 나중에 한신의 반란을 평정하는 데도 공을 세웠으며 진나라의 법률을 모본으로 하면서 자신의 의견을 더한 『구장률(九章律)』이란 책도 남겼다.

장량 張良

왕의 그림자,
참모로 살아가는 법

겸허를 먼저 배우라

권모술수가 판치는 천하 쟁패의 소용돌이 속에서 타인을 배려하면서도 확고한 위상을 구축한 인물은 매우 드문데, 그중 장량이 있다. 우리에겐 장자방(張子方)으로 더 알려진 장량처럼 신비스러운 존재감을 드러내는 인물도 없을 것이다. 사마천이 장량을 말하면서 야전에 나서지 않고 군영의 장막에서 꾀로 승리를 도맡아 했다고 평가한 데서 알 수 있듯이 그의 모든 전략은 천하 쟁패에서 승패를 가름할 만한 것이었다.

특히 장량은 병법에 있어 황로 사상을 두루 이용하여 유약함으로 강함을 이기는 방식을 택한 것으로 유명하다. 그가 병법을 터득해 모사의 길에 들어선 계기는 무협 소설에 등장할 법한 이야기이다. 「유후 세가」에 의하면 이렇다. 그가 은둔하던 중 어느 다리 위를 지나는데 한 노인이 자기 신발을 다리 아래로 떨어뜨렸다. 그러고는 장량더러 주워 오라고 해 가져다주니, 그걸 또 신겨 달라고 하는 것이 아닌가. 하는 수 없이 신겨 주니 노인은 "젊은이가 가르칠 만하군, 닷새 뒤 새벽에 나와 여기서 만나지."라는 뜬금없는 말을 남기고 사라졌다.

닷새 뒤에 약속 장소로 나가 보니 이미 노인이 나와 있었다. 늦었으니 다시 닷새 뒤에 만나자고 하여 이번엔 좀 더 일찍 갔으나 또 노인이 먼저 와 있었다. 그래서 다시 닷새 뒤에는 아예 한밤중에 가 기다렸다. 얼마 후 노인이 오더니 "마땅히 이렇게 해야지." 하면서 『태공병법(太公兵法)』이란 책을 내놓았다. 노인은 "이 책을 읽으면 왕 노릇 하려는 자의 스승이 되고, 10년 후에 그 효과를 보게 될 것이네."라고 말하고는 사라졌다.

결국 장량은 노인의 말대로 유방이 가장 신뢰하는 책사가 됐다. 겸허함과 배려가 인물의 성장에 얼마나 크게 작용하는지 알 수 있는 명장면이다.

장량의 조언에 대한 고조 유방의 신뢰는 절대적이었다. 유방이 천하를 통일했을 때 장량은 소하와 함께 3만 호의 식읍을 받을 수도 있었다. 그러나 그는 1만 호만 받고 유후(留侯)란 작위를 받았다. 이런 일도 있었다. 천하 통일 후 유방이 1년 동안이나 논공행상을 제대로 하지 못하고 있었으니, 저마다 공이 있다고 논의가 분분한 가운데 줄 식읍은 정해져 있고 공신들은 많아 이러지도 저러지도 못하자 불만을 토로하는 이들이 많아졌다.

불안한 유방이 장량에게 해결책을 묻자, 고조 유방과 사이가 가장 좋지 않은 자를 물어보는 것이 아닌가. 고조가 옹치(雍齒)란 자를 지목하면서 죽이고 싶을 정도로 미운 자라고 말하니 장량은 대뜸 그를 최우선적으로 봉하라고 조언했다. 내키지 않았지만 고조가 옹치를 위해 친히 술자리를 마련하여 십방후(什方侯)로 봉하고, 급히 승상과 어사를 재촉해 그의 공을 정하고 봉상을 진행하니 불만을 토로하던 신하들은 "옹치가 오히려 후(侯)가 되었으니 우리들도 근심할 게 없다."라며 더는 왈가왈부하지 않았다. 물론 그 나머지 공신들은 논공행상에서 제외됐다.

고결한 선비 정신으로 견제를 벗어나다

약소국 출신임에도 장량이 중용된 것은 남들이 생각하지 못하는 빼어난 지략을 갖고 그것을 최고 권력자에게 신중하게 조언해 천하 경영을 해 나가도록 하는 그림자형 조언자이기에 가능했다. 물론 단순한 조언의 역할만 한 것은 아니었다. 유방이 고릉에서 곤경에 처했을 때도 장량은 계책을 써서 제나라 왕 한신을 불렀고 한신이 군대를 이끌고 와 해하에서 만난 덕에 위기에서 벗어난다.

장량은 유방을 도와 진나라를 이겼고, 다시 항우를 이기게 만들었다. 어디 그뿐인가? 장량은 왕좌에 오른 유방을 보위해서 너무나도 적절한 역할을 수행했다. 그러나 그는 개국 공신들이 토사구팽당하는 현실을 목격하게 된다. 한신이 모반죄로 잡혀 죽는 장면을 보았고, 팽월을 삶아 죽이는 여 태후의 잔인한 모습을 본 것이다. 그는 살아남을 방법을 강구했다. 결국 말년에 태자 책봉 문제로 유방과 틈이 벌어지자, 세 치 혀에 의지해 그만한 지위에 오른 자신의 처지에 만족하면서 과감히 모든 것을 내던졌다. 그러고는 유방과 여 태후의 눈을 피해 명철보신(明哲保身)했다. 오곡을 먹지 않고 양생술을 배우며 은둔의 길을 택하다가 삶을 마감한 그의 모습은 오늘날 참모들에게 많은 시사점을 던져 준다.

> 장막 안에서 꾀를 내어 눈에 보이지 않는 가운데 승리한 것은 자방(子房, 장량)이 그 일을 꾸몄기 때문이다. 그는 이름이 알려지지도 않고 용감한 공적도 없었으나 어려운 것을 쉽게 해결하고 큰일을 작은 일로 처리했다.(運籌帷幄之中, 制勝於無形, 子房計謀其事, 無知名, 無勇功, 圖難於易, 爲大於細.) ──「태자공 자서」

■ 장량 (기원전 250?~기원전 186)

자는 자방(子房), 시호는 문성공(文成公)이다. 한 고조 유방의 개국 공신으로 홍문연에서 유방을 구한 일화도 유명한 그는 뛰어난 책사다. 그는 한(韓)나라 출신이라고도 하고(사마천), 성보(城父)에서 태어났다고 하여(반고) 출생에 관해 논란이 있다. 조부 희개지(姬開地)는 한(韓)나라의 소후(昭侯), 선혜왕(宣惠王), 양애왕(襄哀王)의 재상을 지냈고, 아버지 희평(姬平)은 희왕(釐王), 도혜왕(悼惠王)의 재상을 지냈다. 넉넉한 집안 출신으로 노복이 300명이나 있었을 정도다. 그는 진시황을 암살하려다 실패하여 은둔하다가 기인 황석공(黃石公)으로부터 『태공병법』을 물려받아 병법의 귀재가 되었다고 한다.

스스로에게 엄격하면
절로 위엄이 선다

경청하면서도 엄정한 정치를 하다

춘추 시대에는 강대국과 약소국이 난립했는데 강대국들 틈바구니에 끼어서 눈치를 보아야 했던 약소국들에게 외교 전략은 생존을 위한 필수 요건이었다. 특히 정(鄭)나라는 강대국인 북방의 진(晉)나라와 남방의 초(楚)나라 사이에 끼어 있는 데다 군사와 경제, 교통의 요충지였기에 바람 잘 날이 없었다. 그런데도 26년간 별다른 무리 없이 나라를 잘 다스린 재상이 있었으니 바로 자산이다.

정나라는 칠목(七穆)이란 문벌이 다스리고 있었다. 자산은 이 칠목 중의 하나인 자국(子國)의 아들로 태어났다. 자산은 아버지로부터 무술을 배웠고 천문과 역법도 익혔다. 아버지의 영향을 받아 나랏일도 어깨너머로 배울 수 있었다. 『좌전』 양공 8년조 기록에 이런 내용이 있다. 자산의 아버지 자국이 다른 칠목의 하나인 자이(子耳)와 함께 채(蔡)나라를 침범해 마공자섭(馬公子燮)을 포로로 잡아와 의기양양했는데 신중한 성품의 자산은 오히려 근심을 표하며 아버지에게 은밀히 말했다.

"작은 나라가 문치(文治)를 하지 않고 무력만 숭상하면 이보다 더 큰 환란은 없습니다. 초나라가 성토하기 위해 쳐들어오면 그에게 복종하지 않을 수 있겠습니까. 초나라에 복종하면 진나라 군대가 반드시 올 것입니다. 진과 초 두 호랑이가 협공해 올 것이니 지금부터 최소한 4~5년간은 편안할 수 없을 것입니다."

이 말을 들은 자국은 아들에게 화만 낼 뿐 귀담아듣지 않았다. 그런데 상황은 자산의 예언대로 흘러갔다. 그해 겨울 초나라가 쳐들어왔고 진나라 또한 이를 견제하기 위해 쳐들어왔다. 정나라는 몇 년간 수많은 희생을 치러야 했다. 전쟁에서 이기기 위해서는 남의 역량을 파악하는 것 못지않게 자신의 주제를 잘 파악해야 한다. 노자도 "남을 아는 자는 지혜롭고(知), 자신을 아는 자는 명철하다(明)."라고 했다.

어린 자산의 통찰력은 곳곳에서 번득였다. 그 당시 정나라는 자사(子駟)라는 자가 군주 못지않은 권력을 누리고 있었을 때였다. 그러자 자사에 반발하는 사람이 많아졌고, 이런 와중에 자사를 제거하기 위한 자공(子孔)의 반란이 일어났다. 자공은 간계를 써서 반란 세력을 부추겼고, 급습을 당한 자산의 아버지 자국을 비롯해 자사와 자이가 죽음을 맞게 됐다. 이런 위급한 시기에 아버지의 죽음을 두 눈으로 본 자산은 자교와 힘을 합쳐 군대를 동원, 난을 진압하는 데 큰 공을 세웠다. 그래도 남은 세력을 갖고 있던 자공은 9년 동안이나 국정을 농단하다 살해됐다.

불의 형세는 기강을 세운다

기원전 554년에 자전(子展)이 국정을 맡자 자산은 소정(少政)에 임명되어 비로소 경(卿)이 되었다. 기원전 544년 자피(子皮)가 국정을 맡았는데 바로 이듬해 자피에게 정권을 물려받아 상당히 오랜 기간인 20여 년을 다스렸다. 경에 임명된 자산은 겸허하게 처신하고 타인의 말에 귀를 기울이면서 자우(子羽)나 비심(裨諶) 같은 인재를 등용해 정치를 논했고, 그들의 의견이 타당하면 정책에 반영했다. 국제적인 문제에 적극 나서 예로써 명분 있는 외교를 펼친 그는 국가 간의 신의를 쌓고 정나라의 내란을 평정한 공으로 마침내 상경(上卿)의 지위에 올랐다. 상경이 된 그는 내정을 쇄신하여 귀족 정치를 배격했고, 농정 개혁을 실시하여 토지 제도를 개혁했다. 또한 중국 최초의 성문법인 형서(刑書)라는 법조문을 만들어 문치를 완성했다. 사마천은 이러한 자산의 집정기를 이렇게 평가했다.

"자산이 재상이 된 지 1년이 지나자, 소인배들의 경박한 놀이가 없어졌고, 반백의 늙은이들은 무거운 짐을 나르지 않고 어린아이들은 밭을 갈지 않게 되었다. 2년이 지나자 시장에서 값을 에누리하지 않았고, 3년이 되자 밤에 문을 잠그는 일이 없어졌으며 길에서 떨어진 물건을 줍는 사람이 없었다. 4년이 지나자 밭갈이하는 농기구를 집으로 가지고 돌아가지 않아도 되었고, 5년이 지나자 척적(尺籍, 사방 1척 크기의 나무 판으로 군령을 기록함)이 쓸모없게 되었고, 상복을 입는 기간은 명령을 내리지 않아도 잘 지켜졌다.”(「순리 열전」)

자산의 국정 운영으로 내정과 외정이 통하자 정나라는 막힌 혈이 뚫린 듯 순탄한 길을 걸어갔다. 자산은 무(武)를 누르고 문(文)을 중시했으며 형벌 규정을 통해 법치 리더십을 확립시켜 나갔다. 그가 죽을 때 한 유언을 통해 ‘엄격’을 강조한 것은 엄정한 법치 리더십과 자기 관리의 중요성에 대한 인식 때문이었다. 자산이 죽으면서 후임자 유길(游吉)에게 한 말을 새겨 볼 만하다.

“내가 죽은 뒤에 당신이 정나라를 맡도록 하시오. 반드시 엄한 태도로 사람들을 다스려야 하오. 무릇 불의 형세는 엄하므로 타 죽는 자가 드물고, 물의 모양은 유약하므로 익사하는 자가 많소. 당신은 반드시 당신의 모습을 엄하게 해서 당신의 유약함에 빠져 죽게 하지 말아야 하오.”(『한비자』)

자산이 죽고 나서 유길은 그가 당부한 것과 달리 엄격한 모습을 보이지 못했다. 그러자 정나라의 젊은이들은 패거리를 지어 도적이 돼 갈대숲을 거점으로 삼아 장차 정나라에서 난을 일으키려고 했다. 유길은 수레와 기병을 인솔해 그들과 싸워서 하루 만에 겨우 이길 수 있었다. 유길은 탄식하며 자신이 일찍부터 자산의 가르침을 실행했다면 틀림없이 이 지경에 이르러 후회하지는 않았을 것이라고 했다.

누구나 훌륭한 정치를 하겠다고 하지만 참다운 정치가는 드문 것이 현실이다. 엄격한 모습을 간직하라고 당부한 자산은 철저한 자기 관

리를 통해 재상직을 원만히 수행할 수 있었다. 스스로를 낮추며 백성
을 하늘같이 여기는 참 정치인이 탄생하길 기대해 보는 것은 누구나
갖는 바람이 아닌가?

법령이란 백성을 교화시키고 선도하기 위해 있는 것이며, 형벌이
란 간사하고 악한 짓을 금지하기 위해 있는 것이다. 문(文, 법령)
과 무(武, 형벌)가 갖추어져 있지 않을 때 선량한 백성이 두려워
하며 품행을 단정히 하는 것은 관리가 법을 혼란스럽게 집행한
적이 없기 때문이다. 직분을 다하고 법을 지키면 바르게 다스릴
수 있는데 어찌 위엄이 필요하겠는가?(法令所以導民也, 刑罰所以禁姦
也. 文武不備, 良民懼然身修者, 官未曾亂也. 奉職循理, 亦可以爲治, 何必威嚴
哉?) ―「순리 열전」

■ 자산 (?~기원전 522)

춘추 시대의 명재상으로 자산이 자(字)이며, 성은 국(國)이고 이름은 교(僑)다. 정
나라 목공(穆公)의 후손으로 태어나 기원전 543년 내란을 진압하고 재상이 되어
21년 동안 국정을 장악했는데, 미신을 배척하고 합리주의를 내세우면서도 귀족
정치를 타파하는 등 내정과 외교에 성공했으며 이런 내용이 『좌전』, 『사기』에 기
록되어 있다.

기회는 절로
찾아오지 않는다

전쟁의 달인

세상 이치에 너무 밝아서도 안 되겠지만 너무 어리석거나 순진해 분위기를 파악하지 못해서도 곤란하다. 어떤 사람에게 지위를 부여하고 그에 합당한 봉록을 주는 데는 다 그만한 이유가 있다. 그런데 때론 자신의 업적을 과신해 오판하거나 윗사람의 심기를 건드리는 일을 저지르기도 한다. 한나라 이광이 높은 지위에 오르지 못한 이유 또한 장군과 장군이 아닌 자에게 요구되는 역할의 차이에 대한 통찰력이 부족하다는 말이다.

「이 장군 열전」에 보면 이런 유형의 인물인 이광, 즉 이 장군 이야기가 나온다. 이광은 태어날 때부터 키가 크고 팔이 원숭이처럼 길었다고 한다. 그가 활을 잘 쏘는 것도 천부적 재능이어서 그의 자손이나 남들이 아무리 배워도 이광에게는 미치지 못했다. 그는 말을 더듬고 말수가 적었으며, 다른 사람과 한가하게 있을 때는 땅바닥에 진형을 그려 놓고, 땅의 넓고 좁은 것을 재 표적을 만든 뒤 활을 쏘아 누가 멀고 가까운가를 비교해 내기 술을 마시곤 했다. 이처럼 활쏘기는 그의 삶의 전부였다. 예를 들면 이런 식이었다.

"어느 날, 이광이 사냥을 나갔다가 풀숲에 있는 돌을 호랑이로 잘못보고 활을 쏘았더니, 그 화살촉이 돌 속으로 들어가 버렸다. 자세히 보니 돌덩어리였으므로 한 번 더 쏘았으나 화살촉이 박혀 더 이상 들어가지 않았다. 이광은 자신이 부임한 군에 호랑이가 있다는 소리를 들으면 언제나 직접 나가서 활로 쏘곤 하였다. 우북평에 있을 때, 이광의 화살을 맞은 호랑이가 달려들어 이광에게 상처를 입혔지만, 결국 이광이 호랑이를 쏘아 죽인 적도 있었다."(「이 장군 열전」)

'전쟁의 달인'으로 불린 이광은 흉노에게는 전설적인 존재였다. 적의 간담을 서늘하게 하는 두려운 존재였던 그는 청렴해 상을 받으면 부하들에게 나눠 주었고, 음식도 군사들과 함께 먹을 정도로 너그러웠다. 군사를 인솔할 때 식량과 물이 부족한 곳에서 물을 보아도 병졸들이 물을 다 마시기 전에는 물에 가까이 가지 않았으며, 병졸들이 음식을 다 먹고 난 뒤에야 비로소 음식을 먹을 정도로 아랫사람에게 잘 대했다. 이렇듯 사람들에게 관대해 병졸들은 그의 지휘를 받는 것을 좋아했다.

전쟁보다는 정치에 능해야 하는 것이 처세

그에게는 희한한 습관이 있었다. 활을 쏠 때는 적이 습격해 와도 거리가 수십 보 안에 들어오지 않거나 명중시킬 자신이 없으면 쏘지 않았는데, 쏘기만 하면 활시위 소리가 나자마자 고꾸라지게 만들었다. 이 때문에 그는 싸움터에서 자주 적에게 포위되거나 곤욕을 당했고, 맹수를 쏠 때도 부상하는 일이 많았다고 사마천은 기록하고 있다.

그가 부상하는 일이 잦은 것은 싸움 자체를 즐겼다는 것 외에 다른 설명이 필요 없다. 때로는 꼼수를 부려 적의 뒤통수를 치는 것도 중요한 전쟁의 기술인데, 그는 적과 정면으로 승부하려고만 들었다. 손자가 싸우지 않고 이기는 것이 상책이라고 했는데, 그에게는 통하지 않는 싸움의 원칙인 셈이다.

이광은 죽을 때까지 40여 년에 걸쳐 봉록 2000석을 받는 관직에 있었으나 집에는 남아 있는 재물이 없을 만큼 청빈한 장수였다. 아쉬움은 있었다. 흉노와 70여 차례의 전투에서 다 이기며 전무후무한 공을 세우고도 지위가 2000석급에 머물고 제후급에 오르지 못했다는 것은 그의 마음에 응어리로 남았다.

그런데 답은 의외로 간단했다. 자신이 섬기는 주군을 위해 싸우지 않고 스스로 전쟁 그 자체에 만족했던 것이다. 말하자면 정치의 기술이 서툴렀다. 진정한 강자는 주변을 돌아보며 상·하와 좌·우 관계에도 눈을 돌리는 지혜를 갖추고 있다. 자신의 힘과 의지만 믿고 분위기 파악에 서투르면 자칫 희생물이 될 수도 있음을 알아야 한다.

어쭙잖은 자기 과시는 성공에 별 도움이 못된다. 자신의 장점을 숨기고 오히려 상대의 긴장을 누그러뜨리고 나서야만 기회가 열리는 법이다. 그러기 위해서는 자기 절제가 필수적일 것이다. 얻기는 어렵고 한순간의 방심으로 날아가는 것이 기회이고 그 기회를 잡는 자는 의외로 복병처럼 숨어서 웅크리고 때를 기다리는 자임을 명심하자.

> 복숭아와 오얏나무는 말을 하지 않아도 그 아래 작은 길이 나기 마련이다.(桃李不言 下自成蹊.) ― 「이 장군 열전」

■ 이광 (?~기원전 119)

농서군(隴西郡) 성기(成紀) 사람이며 그의 선조 이신(李信)은 진(秦)나라 때 장군이 되어 연나라 태자 단을 추격해 잡은 일도 있다. 이광은 한나라 경제와 무제 때의 맹장으로 바위를 뚫을 정도의 활의 명수였다. 흉노와의 전쟁에서 70여 차례를 이겼으며 부하들을 각별히 아낀 것으로 유명하다.

적절한 자기 연출도
필요하다

스스로 기회를 만들다

누구나 성공하고 싶어 하지만 기회가 찾아왔을 때 그것을 선택하는 것은 전적으로 자신의 몫이다. 기회가 왔지만 이러지도 저러지도 못하는 상황에서 어느 한쪽을 과감히 버리고 자신이 원하는 방향으로 결단을 내리는 사람이 성공하는 법이다.

「진 승상 세가」에 나오는 진평이 바로 결단으로 성공한 인물이다. 그는 집안이 가난했지만 책 읽기를 즐겼다. 형 진백(陳伯)의 집에 더부살이하며 살았는데, 진백은 밭가는 일을 하면서도 동생 진평이 마음껏 공부하도록 배려했다.

진평은 키가 크고 풍채도 있어 누가 보아도 빼어난 외모를 자랑했다. 진평을 만나는 사람들은 "자네는 가난한데 무얼 먹어 이렇듯 잘생겼는가?"라고 말할 정도였다. 하지만 하는 일도 없이 빈둥거리는 그는 더부살이하는 주제에 집안을 살피지도 않고 농사일을 돌보지도 않으며 그저 방에 처박혀 글을 읽거나 세상사에 관심을 둘 뿐이었다. 이런 행태를 보다 못한 형수는 차라리 시동생이 없는 편이 더 낫다며 면전에서 구박했다. 그러나 형수의 구박은 오래가지 못했다. 동생을 끔찍하게 아끼는 진백이 구박하는 아내를 집 밖으로 내쫓아 버렸기 때문이다.

장성한 진평은 가정을 꾸려 안정을 취해야 했지만 아무리 둘러봐도 부자들 가운데 그에게 딸을 주려는 사람은 없었다. 가난이라면 지긋지긋하게 생각하는 진평 역시 가난한 집 여자를 얻는 것을 부끄럽게 생각했다. 마침 마을에 부자 장부(張負)라는 사람이 있었다. 그의 손녀딸이 다섯 번이나 시집을 갔지만 그때마다 남편이 갑자기 죽어 아무도 그녀에게 장가들려 하지 않았다. 진평은 팔자가 사나운 그녀를 아내로 맞이하겠다고 마음먹었다.

당시 마을에 상을 당한 사람이 있었는데, 진평이 상가 일을 도와주러 다녔다. 장부는 가장 먼저 가서 가장 늦게 돌아오는 진평을 주시하게 됐다. 외모가 유독 돋보이기도 했지만 진평 또한 장부에게 잘 보이려고 노력했다. 어느 날 장부가 시종들과 함께 진평을 미행해 집으로 가 보니 진평의 집은 성곽을 등진 막다른 골목에 있었다. 해진 자리로 만든 문이었지만, 이상하게도 문 밖에 마을 장자(長者, 덕이 고매한 자에 대한 총칭)들의 수레바퀴 자국이 많이 남아 있는 것을 보고 진평이 가난하지만 인정받고 있다는 사실을 알게 됐다.

장부는 집으로 돌아와 아들 장중(張仲)에게 "손녀를 진평에게 주려고 한다."라고 말했다. 그러자 장중은 "진평은 집이 가난한데도 생업에 종사하지 않아 온 고을 사람들이 그를 비웃고 있는데 어찌하여 제 딸을 그에게 주려고 하십니까?"라고 물었다. 이 말을 들은 장부는 "그렇게 외모가 빼어난데도 끝까지 가난하고 미천하게 지내겠는가?"라고 반문하면서 마침내 손녀딸을 주었다.

진평이 장가든 것은 장래의 가능성에 대해 신뢰를 얻었기 때문이다. 진평은 장씨의 손녀에게 장가든 후 쓸 재물이 넉넉해지고 따르는 무리들도 많아지면서 교류하는 자들의 범위도 날로 확장됐다. 그는 훗날 고조를 도와 모반한 한신을 사로잡는 데 공을 세우고 다양한 계책을 내 한나라 제국의 기초를 굳건히 하는 데 기여해 승상의 자리에 오르게 된다.

재빠른 응대는 처세의 기본

고조와 여 태후가 세상을 떠난 후 문제가 자리에 올랐다. 여 태후를 등에 업고 전횡을 부리던 여씨들을 태위 주발(周勃)이 주살했으므로 그 공이 커, 진평은 주발에게 존귀한 자리를 양보하려고 병을 핑계대고 물러나고자 했다. 문제는 진평의 병을 이상하게 생각하여 그 까닭을 묻자 진평은 답했다. "고조 때 주발의 공은 저 진평만 못하였습니다. 그러나 여씨들을 죽인 것은 저의 공이 주발만 못합니다. 원컨대 우승상을 주발에게 양보하고자 합니다."

이 말을 들은 문제는 즉시 강후 주발을 우승상으로 삼아 그 지위를 으뜸에 두고, 진평은 좌승상으로서 두 번째 지위에 두었다.

얼마 후 문제가 조회하다가 우승상 주발에게 한 해 동안 소송 건을 얼마나 판결하느냐고 묻자, 주발이 사죄하며 알지 못한다고 답했다. 또 문제가 한 해 동안 금전과 곡식의 수입과 지출이 얼마나 되느냐고 묻자 주발은 이 역시 알지 못하겠다고 사죄하니, 땀이 등을 타고 적시고 대답할 수 없는 것을 부끄러워했다. 같은 사안을 진평에게 물어보았다. 진평은 "주관하는 자가 있습니다."라고 대답하면서, "폐하께서 소송 사건에 대해서 물어보시려면 정위(廷尉)에게 물으시고, 금전과 곡식에 대해서 물으시려면 치속내사(治粟內史)에게 물으십시오."라고 했다. 문제는 다시 "진실로 저마다 주관하는 자가 있다면 그대가 주관하는 바는 어떤 일이오?"라고 되물었다. 그러자 진평은 답했다.

"신하들을 주관합니다. 재상이란 위로는 천자를 보좌하며 음양을 다스려 사계절을 순조롭게 하고, 아래로는 만물이 제때에 길러지도록 하며, 밖으로는 사방 오랑캐와 제후들을 진압하고 어루만지며, 안으로는 백성들을 친하게 하여 복종하게 하고 경대부(卿大夫)로 하여금 각자 그 직책을 맡게 하는 것입니다."

문제는 진평을 크게 칭찬했다. 강후 주발은 스스로 자신의 능력이 진평에게 훨씬 못 미친다는 것을 깨달았다. 얼마 있다가 주발은 병을 핑계로 재상을 그만두기를 청하여 진평만이 홀로 승상직을 맡게 되었다.

그의 출세 과정을 보면 그가 기회를 잡는 데 탁월한 음모가적 면모가 있다는 점도 부인할 수는 없다. 더구나 그는 초한 쟁패 과정에서 위구에게 투항했다가 다시 항우에게 갔으나 기용되지 못하자 다시 유방에게 향하여 유방이 항우를 멸하고 공신들을 견제하여 제거하는 데 공을 세웠으며 고조 유방이 세상을 떠난 후 다시 여 태후에게 붙었다가 그녀의 죽음을 틈타 여러 여씨들을 주살한 뒤 한 문제의 황제 등극을 돕고 자신이 재상이 된 전력도 있다.

그러나 이런 일련의 과정을 그저 기회주의자로 매도해서는 안 된다. 적절한 처세와 임기응변의 자세로 지혜와 책략을 두루 발휘하여 혼돈의 시기에 살아남는 생존의 비법을 터득한 자이기 때문이다. 현실에 바탕을 두지 않고 겉만 번지르르한 허장성세는 무너지게 마련이다. 하나 정신없이 돌아가는 세상 속에서 나의 진가를 드러내기 위해서는 그에 걸맞은 포지셔닝, 자기 포장을 해야 할 때도 있는 것이다. 물론 진정으로 능력을 채우는 것이 우선임은 말해 무엇하랴.

> [백성은] 천하가 안정되면 승상에게 눈을 돌리지만, 천하가 위태로우면 장군에게 뜻을 모읍니다.(天下安, 注意相; 天下危, 注意將.) —「역생·육가 열전」

■ 진평 (?~기원전 178)

항우를 따랐으나 나중에 유방을 섬겨 한나라 통일에 공을 세운 자다. 처세에 능하여 좌승상이 되었으며, 자신을 중용한 여 태후가 죽자 다시 여씨의 난을 주발과 함께 평정하고 문제를 옹립했다.

현명한 자는
떠나야 할 때를 안다

경고의 희생양이 되다

세상을 살다 보면 어찌할 수 없는 위기를 겪을 때가 있다. 역사 속의 많은 사람들이 위기를 겪었지만 이를 극복하고 살아남아 큰 업적을 남긴 인물도 많다. 범저는 위(魏)나라 사람으로 고향에서는 인정받지 못하고 불우하게 살다가 서쪽 진나라로 가 재상이 되어 공을 세우고 이름을 떨쳤다. 전국 시대 말기에 범저는 진나라 소왕을 도와 멀리 있는 나라와 우호 관계를 맺어 가까이 있는 나라를 공격하는 계책을 세웠다. 진나라가 천하를 통일하는 데 장애가 되던 강국 조나라를 장평 싸움에서 무너뜨리고, 또한 주변의 한나라와 위나라와 초나라를 멸망시키고 나서 북쪽의 연나라와 진(晉)나라를 도모하는 데 공을 세운 자도 바로 그다. 물론 그 과정이 순탄했던 것은 아니다.

먼저 그는 유세할 제후를 물색하다가 위나라 왕에게 유세하는 것이 유리할 것 같다고 생각했다. 그러나 돈이 없어 위나라 중대부(中大夫) 수고(須賈)를 먼저 섬기게 됐다. 수고는 위나라 소왕(昭王)과 친해 간혹 사자로 이웃 나라에 파견됐다. 그가 제나라에 파견될 때 범저도 따라 나섰지만 몇 달 동안이나 머물러 있어도 이렇다 할 성과를 내지 못했다.

그러나 인물은 인물을 알아보는 법. 동방의 전통 강국 제나라의 양왕(襄王)은 범저가 유세와 변론에 뛰어나다는 말을 듣고 사람을 시켜 금과 쇠고기, 술을 보내 자기편으로 만들고자 했다. 무심결에 선물을 받은 범저는 의심 많은 수고에게 이 사실을 들키게 된다. 수고는 범저에게 쇠고기와 술만 받고 금은 되돌려주도록 하면서 내심 범저가 위나라의 비밀을 제나라에 알려 주었기 때문에 이런 선물을 받은 것이라고 의심하고는 위나라의 여러 공자 가운데 한 명인 재상 위제(魏齊)에게 고자질했다.

그러자 위제는 불같이 역정을 내면서 사람들을 시켜 범저를 두들겨 팼다. 갈비뼈와 이가 부러져 죽을 지경이었던 범저가 죽은 척하자 사람들은 그를 대나무 발에 둘둘 말아 변소에 내팽개쳤다. 빈객들이 술을 마시다 취하여 번갈아 가며 그의 몸에 오줌을 누었다.

위제는 범저가 무고하다는 사실을 알고 있었다. 일부러 범저에게 갖은 모욕을 줘 배신하거나 나라의 기밀을 누설하는 자는 이렇게 다스리겠다는 경고의 메시지를 보낸 것이다. 변소에 버려진 그는 어떻게 해

서든 살아남아야겠기에 자신을 지키고 있는 자를 매수했다. 그러자 그는 위제에게 달려가 범저가 이미 죽은 것 같으니 내다버리겠다고 했고, 범저는 술에 취한 위제의 눈을 속이고 겨우 빠져 나올 수 있었다.

나아가고 물러나는 것은 때에 따라 바뀐다

위나라 사람 정안평(鄭安平)이 이 소문을 듣고 범저를 데리고 달아나 함께 숨어 살았다. 범저는 성과 이름을 바꿔 장록(張祿)이라 하고 새로운 활로를 모색했다. 정안평은 범저의 인물을 알아보고 그를 통해 자신도 출세하고자 했다. 정안평은 진나라에서 사신 왕계가 왔을 때 그를 몰래 만나 범저를 추천했다. 범저는 왕계를 따라 진나라로 들어갔다. 수레가 호관(湖關)에 이르렀을 때 규모가 큰 수레와 기마대가 서쪽에서 다가왔다. 진나라 재상 양후(穰侯)가 동쪽의 현읍을 살펴보러 가는 길이었다. 범저는 양후가 진나라의 정권을 마음대로 휘두르며 유세가들이 나라 안으로 들어오는 것을 싫어한다는 걸 알았기에 얼른 안쪽에 숨었다. 양후는 왕계의 수레와 서로 스쳐 지날 때 인사를 나누며 "유세가 따위는 데려오지 않았을 테지요?"라고 말했다. 범저는 양후가 멀어진 뒤 수레에서 내려 왕계와 진나라에서 만나기로 하고는 곧장 뛰어서 달아나기 시작했다. 그의 예측은 그대로 들어맞았다. 양후는 몇 리를 가다가 기마병을 보내와 수레를 뒤지게 했으나 아무도 없자 그냥 돌아갔다. 범저가 두 번째 죽을 위기에서 벗어나는 순간이었다.

마침내 소왕을 만난 범저는 뛰어난 언변과 책략으로 소왕과 가까운 사이로 발전한다. 범저는 소왕을 도와 36년간이나 이어진 외척 정치를 청산할 계책을 내고, 촉과 한중을 연결하는 잔도를 1000리나 개척해 천하 사람들이 진나라를 두려워하게 만들었다. 또 조나라 군대 40만 명을 일거에 무찔러 다른 여섯 나라가 합종을 거론할 생각도 못하게 만든 후 재상의 자리에 올랐다.

어느 날 재상이 된 범저에게 친구 채택이 찾아왔다. 채택 역시 유세가였으나 잘 풀리지 않아 이리저리 떠돌고 있던 차였다. 채택은 "나아가고 물러가는 것, 굽히고 펴는 것이 때에 따라 바뀌는 것은 성인의 영원한 도리입니다. 그래서 나라에 도가 시행되면 나아가서 벼슬하고, 나라에 도가 시행되지 않으면 물러나 숨어야 합니다."라는 말을 남기고 떠난다. 이에 범저는 깨달은 바가 있어 "'욕심이 그칠 줄 모르면 하고자 하는 바를 잃고, 가지고 있으면서 만족할 줄 모르면 가지고 있던 것마저 잃는다.'라고 들었소. 선생께서 다행히 나에게 말씀해 주셨으니 삼가 가르침에 따르겠소."라며 재상 자리에서 내려와 은둔하다 생을 마쳤다

인생을 하나의 포물선이라고 본다면 현명한 사람은 자신이 포물선의 정점에 위치한 순간을 잘 감지한다. 세상은 변화하고 쇠락하고 다시 피어난다는 이치를 알기에 그러하다. 이런 시대의 흐름을 읽지 못하면 그 순간 판단력이 흐려져 걷잡을 수 없는 파멸의 길로 곧잘 들어서기도 한다. 내려놓아야 할 순간에 놓지 못해 아래로 곤두박질치는 참극을 맞이하는 어리석음을 범하지 말자.

■ 범저 (?~기원전 255)

위(魏)나라 사람으로 자는 숙(叔)이다. 불우한 가정에서 태어난 그는 위나라의 중대부 수고를 섬겼다가 첩자로 오해받아 죽을 고비를 넘긴다. 인재 등용의 포용적 원칙을 강조한 그는 후에 진나라 소왕의 눈에 들어 재상이 된다. 자신이 객경에 불과하다는 사실을 알고 있던 터에 친구 채택의 권고를 받아 권력의 유한함을 믿고 "공을 이룬 자는 물러난다.(成功者退)"라는 말을 남기고 채택에게 자리를 물려주었다.

행복은
사소한 것에서 시작된다

불급의 처세

강요된 시선과 사회의 편견, 제도의 틀 속에 갇힌 채 하루하루 살다 보면 문득 명예나 권력이 얼마나 덧없는 것인지 깨닫는다. 한번쯤 눈을 지그시 감고 자신의 내면을 비춰 보라. 삶의 행복과 이것을 지탱해 주는 힘이 사소한 데서 나온다는 사실에 놀랄 것이다.

안회는 약소국인 노(魯)나라 출신이다. 공자의 신임을 한 몸에 받은 수제자이자 학문과 덕행의 대명사다. 장자에게도 군자로 높이 평가받았던 안회는 어떤 사람이었을까?

스승 공자의 말에 어김이 없고 우직하게 행동해 겉으로 보면 아둔할 정도인 안회는 공자가 자신의 말에 한 번도 이의를 달지 않는 것을 못마땅해할 정도로 무비판적이었다. 그러나 혼자 있을 때에도 늘 자신의 뜻을 헤아리면서 하나하나 실천해 보였던 제자였다. 겉으로 드러내지 않았을지언정 내면은 어느 제자보다도 가득 차 있었다.

『논어』에 수없이 등장하는 안회를 보면 공자가 지독하게 아꼈던 제자임을 실감할 수 있다. 3000명의 제자 가운데 핵심 인물은 77명. 그 중에서도 안회를 대하는 공자의 모습은 때로 평정심을 잃었다 할 만큼 칭송 일관이다. 예를 들면 이런 것이다.

"어질구나, 회여! 밥 한 그릇과 물 한 바가지로 누추한 뒷골목에 살고 있으니 다른 사람들은 그것을 견뎌 내지 못할 텐데, 안회는 자기가 즐겨하는 바를 바꾸지 않는구나!"

"안회는 배울 때 듣고만 있어 어리석은 것 같지만 물러가 행동하는 것을 보면 내가 가르친 것을 제대로 실천하고 있었다. 안회는 절대로 어리석지 않구나!"

"벼슬에 나가게 되면 도를 실행하고 물러나면 조용히 도를 즐길 수 있는 사람은 오직 나와 너뿐이구나!"(「중니 제자 열전」)

공자는 서른 살이나 어린 제자 안회를 '현자(賢者)'라고 일컬으며 총애했다. 스승이 자식뻘 되는 제자를 그토록 아낀 것은 안회의 안빈낙도(安貧樂道) 정신 때문이었다. 안회는 가난이 뼛속에 스며들 정도의 힘든 역경 속에서도 여유롭게 본분에 충실했다. 공자는 수제자로 칭송하던 안회를 두고 "어기지 않는 게 어리석은 것 같다.(不違如愚)"라며 다소 모자란 듯한 '불급(不及)'의 처세를 평가했다. 공자가 생각하기에 군자의 즐거움은 천명을 실천하는 데 있고, 소인의 즐거움은 욕망을 충족하는 데 있다. 그러므로 소인은 욕망을 충족시킬 수 있는 의식주의 문제에 매달리지만, 군자의 즐거움은 이런 형이하학적인 문제에 좌우되지 않는다. 학문을 좋아하는 안회는 밥 한 그릇과 물 한 표주박을 먹으며 누추한 곳에 살아도 불평하는 기색이 전혀 없이 여전히 즐거워했으므로 이런 평가를 내린 것이다.

하늘의 도가 옳으냐 그르냐

안회의 이런 모습은 공자가 '구름 같은 존재'로 평가한 노자의 모습과도 공통분모를 가진다. 공자는 그토록 갈망했던 관직을 얻지 못하고 10여 년 동안 북방 제후국을 떠돌아다닌 자기 처지에 회한이 서려 있었다. 다른 제자들 대부분이 공자의 그런 모습을 추종했지만, 안회는 묵묵히 자신의 길을 가면서 스승 공자에게 그런 길의 덧없음을 얘기하려 한 것인지도 모른다.

안회는 겨우 서른한 살에 세상을 떠나고 말았다. 그때 공자는 "하늘이 나를 버렸구나!(天亡我)"라고 통곡하며 제자의 이른 죽음을 애달파했다. 이런 생각은 사마천에게도 그대로 다가왔다. 그는 「백이 열전」에서 이렇게 말한다.

"공자는 제자 일흔 명 가운데서 안연(안회)이 학문을 좋아한다고 칭찬했다. 그러나 안연은 늘 가난해서 술지게미와 쌀겨 같은 거친 음식조차 배불리 먹지 못하고 끝내 젊은 나이에 죽고 말았다. 하늘이 착한 사람에게 복을 내려 준다면 어찌 이런 일이 있을 수 있는가? 춘추 시대 말기에 나타난 도적 도척은 날마다 죄 없는 사람을 죽이고 그들의 간을 날로 먹었다. 잔인한 짓을 하며 수천 명의 무리를 모아 제멋대로 천하를 돌아다녔지만 끝내 하늘에서 내려 준 자신의 수명을 다 누리고 죽었다. 이는 도대체 그의 어떠한 덕행에 의한 것인가?”

사마천의 푸념처럼 세상에서 인과응보니 권선징악이니 하는 말들이 꼭 들어맞지 않는 경우도 많다. 청빈의 자세로 자신을 추스르면서 살다 요절한 안회는 우리에게 시사하는 바가 많다. 하늘의 도가 옳으냐 그르냐 하는 문제는 아직도 유효한 채 우리를 짓누르고 있기에 그렇다.

이런 우스갯소리도 있다. 금(金)이 세 개 있으니 황금, 소금, 지금이 그것이다. 지금 이 순간, 좀 더 여유를 가지고 성공을 향해 전력 질주하던 내가 놓친 것은 없었는지 한번쯤 반추해 보자. 풋풋했던 학창 시절의 스승을 찾아 가르침과 추억을 되새겨 보며 그 시절로 돌아가 보는 것도 좋다. 행복은 생각보다 가까운 데에 있다.

> 선생님의 도가 지극히 크기 때문에 천하에서 받아들이지 못합니다. (중략) 받아들여지지 않은 연후에 군자의 모습이 드러날 것입니다.(夫子之道至大, 故天下莫能容. …… 不容然後見君子.) —「공자 세가」

■ 안회 (기원전 521~기원전 491?)

자는 연(淵)이고 춘추 시대 노나라 사람이다. 열네 살에 공자의 제자가 되었는데 죽을 때까지 공자의 애제자 중의 애제자였다. 한 무제도 그의 성덕을 기려 공자의 사당에 배향한 이래 역대 통치자들도 존중하여 안자(顏子)라는 존칭으로도 불렀다.

사기 성공학

1판 1쇄 펴냄 2012년 3월 19일
1판 3쇄 펴냄 2019년 7월 11일

지은이　김원중
발행인　박근섭·박상준
펴낸곳　(주)민음사

출판등록　1966. 5. 19. 제16-490호
주소　서울특별시 강남구 도산대로1길 62(신사동)
　　　강남출판문화센터 5층 (우편번호 06027)
대표전화　02-515-2000
팩시밀리　02-515-2007
홈페이지　www.minumsa.com

ISBN 978-89-374-8447-6 03320